Jutta Schütz

wurde in Lebach (Saarland) geboren.

Mit ihrem ersten Bestseller "Plötzlich Diabetes" (2008) gilt die Autorin bei Kritikern als Querdenkerin. 2010 startete sie mit ihren Gesundheitsbüchern ihr Pilotprojekt in Bruchsal und später bei der VHS in Wolfsburg. Schütz schreibt Bücher, die anspornen, motivieren und spezielles Insiderwissen liefern. Sie hat bis heute viele Bücher (über 100) geschrieben und an vielen anderen Büchern mitgewirkt. Zudem hilft sie als Mentorin und Coach vielen Neuautoren bei der Veröffentlichung ihrer Bücher.

Als Journalistin schreibt sie für viele Verlage und Zeitungen. Ihre Themen sind: Gesundheit, Psychologie, Kunst, Literatur, Musik, Film, Bühne, Entertainment. Weitere Informationen zur Autorin und ihren Büchern findet man in den Verlagen, auf ihrer Webseite sowie im Kultur-Netzwerk.

Mehr Infos finden Sie auf den Webseiten:

www.jutta-schuetz-autorin.de

www.die-gruppe-48.net/Funktionstraeger

INHALTSVERZEICHNIS

Vorworte
Rezepte für zwei Personen

INHALTSVERZEICHNIS

© 2019 Autor: Jutta Schütz
© 2019 Buchsatz, Layout, Buchgestaltung
© 2019 Buchidee: Jutta Schütz
www.jutta-schuetz-autorin.de

© 2019 Herstellung und Verlag:
BoD – Books on Demand, Norderstedt

ISBN: 9783749433490

Bibliografische Information der Deutschen Nationalbibliothek:
Die Deutsche Nationalbibliothek verzeichnet diese Publikation in der Deutschen Nationalbibliografie; detaillierte bibliografische Daten sind im Internet über http://dnb.d-nb.de abrufbar.

Die im Buch veröffentlichten Ratschläge wurden von mir sorgfältig geprüft. Eine Garantie kann ich dennoch nicht übernehmen. Ebenso ist die Haftung von mir bzw. des Verlages für Personen-, Sach- und Vermögensschäden ausgeschlossen. Alle Markennamen, Warenzeichen und sonstigen eingetragenen Trademarks sind Eigentum ihrer rechtmäßigen Eigentümer und dienen hier nur der Beschreibung.

MIX
Papier aus verantwortungsvollen Quellen
Paper from responsible sources
FSC® C105338

Jutta Schütz

LOW CARB
ohne Schnickschnack

Einleitung

100 köstliche und einfache Rezepte.

Für Anfänger geeignet.

Bei der Low Carb Ernährung (LC) handelt es sich um eine langfristige, gesunde und bewusste Ernährungsumstellung und es kommt auch nicht zu dem berüchtigten Jo-Jo-Effekt oder Heißhunger. Kurz erklärt: Low Carb heißt "Wir essen weniger Kohlenhydrate".

Es ist schon eine Lebensumstellung kohlehydratarm zu essen, besonders im Kreise der Familie und bei Freunden werden die Essgewohnheiten anfangs kritisiert und in Frage gestellt.

Die kohlenhydratarme Ernährungsform "Low Carb" ist ein großer Schritt in Richtung eines wesentlich gesünderen Lebens und ein Weg aus dem größten Ernährungsdilemma unserer Zeit, denn letztendlich kommt es darauf an, was aus der Nahrung herausgeholt wird, und das kann ganz unterschiedlich sein.

Eine gesunde Ernährung heißt vor allem möglichst natürliche und abwechslungsreiche Kost und wer auf die Kohlenhydrate in der Ernährung achtet, braucht keine Diät.

Bewusstes Essen gepaart mit Bewegung hält fit und macht Spaß. Das allgemeine physische, physiologische und auch sozial-psychologische Wohlbefinden des Menschen liegt in der direkten Verbindung mit der Qualität der aufgenommenen Nahrung.

Unsere Gesundheit ist das Wichtigste in unserem Leben. Ihr Stellenwert wird oft erst bei Krankheit oder mit zunehmendem Alter erkannt.

Jeder kann frei entscheiden, wie er sich ernährt und hat damit großen Einfluss auf seine Gesundheit.

Unser Immunsystem schützt uns vor Krankheitserregern wie Bakterien oder Viren und solange unsere körpereigene Abwehr funktioniert, stellt sie eine wirkungsvolle Barriere für Krankheitserreger dar. Ist unser Immunsystem jedoch geschwächt, haben Krankheiten ein leichtes Spiel.

BACKEN

Für den Vorrat: Low Carb Körnerbrot

Menge: Ergibt 10 Brote à 400 g / Pro Brot 8 - 10 Scheiben
Pro 1 Scheibe = 12 Kohlenhydrate

❖ Zutaten:

500 g Sesamkörner

500 g Leinsamen

200 g Sonnenblumenkerne

600 g gem. Mandeln

700 g Eiweißpulver

6 Päckchen Trockenhefe

1 gehäufter EL Salz

6 Eier

250 ml Sonnenblumenöl

750 g sehr warmes Wasser

❖ Zubereitung:

Eine sehr große Schüssel nehmen, alle trockenen Zutaten (auch die Trockenhefe) hinein geben und gut durchmischen. Anschließend alle nassen Zutaten hinzu geben und gut durchkneten.

Der Teig bröselt etwas. Auf einer Waage je 400 g abwiegen und zu einer länglichen (Durchmesser: ca. 7 - 8 cm) Rolle formen. Die Rolle ist ca. 13 - 15 cm lang.

Auf ein Backblech (mit Papier auslegen, NICHT einfetten) passen 6 Brote. Backzeit: zirka 45 Minuten bei 180 Grad.

ACHTUNG: Das Brot vor dem Backen zirka 45 Minuten gehen lassen!

Jedes Brot in ca. 8 - 10 Scheiben schneiden und einfrieren (Zwischen jede Scheibe ein kleines Stück Alufolie legen).

Frisch hält sich das Brot zirka 3 - 4 Tage (Im Kühlschrank).

Gefroren nach Bedarf auf den Toaster legen und jede Seite einmal toasten.

Tipp: Bestreichen Sie ein paar Scheiben des Brotes leicht mit Schmand und legen es auf ein Backblech (mit Backpapier). Mit Gewürzen wie: Etwas Salz, Pfeffer, (wenig Paprika und Pizza-Gewürz) würzen und dann mit jungem Gouda im Backofen bei 160 Grad 10 Minuten überbacken. Dazu Salat reichen.

Muffin-Brot mit Mandeln

❖ **Zutaten:**

3 Eier

100 g Natur-Joghurt

50 g geschmolzene Butter

1 TL Natron

1 TL Salz

400 g gemahlene Mandeln

100 g Sonnenblumenkerne

100 g Sesam

❖ **Zubereitung:**

Die Eier und den Joghurt cremig rühren und die restlichen Zutaten hinzugeben. In Papier-Muffins füllen und bei 170 Grad (Ober- und Unterhitze) zirka 40 Minuten backen.

Tipp: Schneiden Sie jedes Muffin-Brot in 3 Teile. So können Sie das Brot gut einfrieren. Auf dem Toaster dann ein paar Minuten cross toasten. Das Brot hält sich frisch 3 – 4 Tage.

Walnuss-Waffeln

❖ Zutaten:

6 Eier

80 g gemahlene Walnüsse

3 – 4 EL Sonnenblumenöl

120 g Eiweißpulver

1 Tütchen Backpulver

1 Backaroma-Vanille

3 TL flüssigen Süßstoff

❖ Zubereitung:

Eier trennen und Eiweiße steif schlagen. Das Eigelb mit den restlichen Zutaten (ohne das Öl) verrühren und das steife Eiweiß unterheben. Goldgelbe Pfannkuchen backen.

Tipp: Sie können die Waffeln bis zu 4 Tage im Kühlschrank aufbewahren oder auch einfrieren. Gefrorene Waffeln auf dem Toaster oder im Backofen cross toasten/backen.

Die Waffeln schmecken mit Quark und Joghurt sehr gut.

Wenn Sie die Waffeln ohne Süßstoff backen, dann können Sie sie mit Wurst oder Käse belegen oder als Pizzaboden benutzen.

Hefeteig für Pizza und Kuchen

❖ Zutaten:

200 g gemahlene Mandeln

50 g Eiweißpulver

150 g Gluten

1 Ei

30 ml Sahne

120 ml Wasser

20 g Trockenhefe

20 g Butter

½ TL Salz

❖ Zubereitung:

Wasser, Sahne und das Ei verrühren und erwärmen. Dann die Hefe hinein bröckeln mit einer Prise Zucker. Die gemahlenen Mandeln, Eiweißpulver und Gluten in eine Schüssel sieben, eine Mulde hineindrücken und dort die Hefemasse hinein geben.

Das Ganze abgedeckt an einem warmen Ort für etwa 30 Minuten gehen lassen.

Die Butter, und eine Prise Salz zum Vorteig geben und das Ganze zu einem glatten Teig kneten. Diesen Teig zugedeckt an einem warmen Ort gehen lassen, bis sich das Volumen verdoppelt hat. Den Teig anschließend noch einmal durchkneten.

Als Pizza

* ❖ **Zutaten:** 1 EL Tomatenmark, 2 EL Pizzagewürz, Zirka 100 g Salami (oder gekochten Schinken), 1 kleine Dose Tomatenstücke, 200 g geriebener Käse.

* ❖ **Zubereitung:** 1 EL Tomatenmark auf dem Boden verstreichen und mit Pizzagewürz würzen. 2 – 3 EL Tomatenstücke aus der Dose darauf verteilen, mit Salami und Pilzen belegen und geriebenen Käse darüber streuen. Im Backofen bei 220 Grad zirka 15 – 20 Minuten backen.

Als Kuchen

* ❖ **Zutaten:** Obst aus der Dose (gut abtropfen lassen) oder frische Erdbeeren, Äpfel.

* ❖ **Zubereitung:** Obst auf den Kuchen legen und im Backofen bei 170 Grad zirka 20 – 30 Minuten backen. Schmeckt gut mit Quark.

Tipp: Die Böden können Sie einfrieren. Das heißt: Formen Sie den Teig zu einem Boden und backen ihn „ohne Zutaten und Gewürze" für 6 Minuten bei 200 Grad im Backofen.

Abkühlen lassen und einfrieren.

Sie können den gefrorenen Boden mit den Gewürzen, sowie Tomatenmark belegen und für zirka 14 Minuten bei 190 Grad backen.

Frischkäsebrötchen

❖ **Zutaten:**

125 g geschmolzene Butter

3 Eier

30 g Leinsamen

175 g Frischkäse

100 g Eiweißpulver

1 Tütchen Backpulver

❖ **Zubereitung:**

Alle Zutaten zusammen rühren und 8 Brötchen formen.

Im Backofen bei 170 Grad 12 - 16 Minuten backen.

Tipp: Diese Brötchen wie auch all die anderen Brot/Brötchen können Sie einfrieren.

Quark-Brötchen

❖ **Zutaten:**

250 g flüssige Butter

250 g Quark

6 Eier

200 g Eiweißpulver

1 Tütchen Backpulver

½ TL Salz

❖ **Zubereitung:**

Alle Zutaten in einer großen Schüssel miteinander mischen. Tennisball große Bällchen formen und auf ein Backblech (mit Backpapier) legen. Lassen Sie Platz zwischen jedem Bällchen. Bei 175 Grad zirka 15 – 20 Minuten backen.

Tipp: Wenn Sie diese Brötchen einfrieren möchten, halbieren Sie die Brötchen vorher. Auf dem Toaster können Sie sie im gefrorenen Zustand toasten.

Man kann sie auch sehr gut nehmen als einen Klos-Ersatz. Das heißt: Wenn Sie Braten mit Soße haben, schneiden Sie die Brötchen in Mundgerechte Stücke und geben diese in die Soße auf den Teller.

Käse-Croissants

❖ Zutaten:

4 Eier

½ TL Backpulver

200 g geriebener Käse

40 g Eiweißpulver neutral

2 EL Mayonnaise

½ TL Salz

½ TL Knoblauchpulver

1/3 TL Pfeffer

1 TL Oregano

1 TL Majoran

½ TL Basilikum

60 ml Wasser

❖ Zubereitung:

Eier trennen (in 2 Schüsseln). Eiweißpulver mit zirka 60 ml Wasser gut mixen.

Von den Eiern werden insgesamt 4 Eiweiße und 3 Eigelbe benötigt.

In die Schüssel mit den 3 Eigelben die Mayonnaise, die Gewürze, den geriebenen Käse und den Eiweiß-Mix geben. Alles verrühren, bis sich die Zutaten zu einer einheitlichen Masse verbunden haben.

In die Schüssel mit den 4 Eiweißen das Backpulver einstreuen und die Eiweiße mit einem Handrührgerät aufschlagen, bis das Eiweiß steif ist und nur noch schwer vom Löffel fällt.

Die Eigelb-Mischung mit einem Kochlöffel unter das steife Eiweiß heben. Die Mischung mit einem Löffel in insgesamt 6 Portionen auf ein mit Backpapier ausgelegtes Backblech geben. Formen Sie eine sichelförmige Form, ähnlich einem Croissant.

Die Croissants bei 145 Grad 30 - 40 Minuten goldbraun backen.

Nach zirka 15 Minuten Backzeit können die Backstücke mit einem Messer eingeschnitten werden, um die typische Croissants-Form nachzuahmen. Nach der Backzeit die Croissants noch 6 Minuten im ausgeschalteten Backofen ruhen lassen.

Tipp: Die Croissants können auch mit Käse oder Schinkenstreifen belegt werden.

Beeren-Brot

❖ Zutaten:

200 g Eiweißpulver (neutral)

200 g rote Beeren (tiefgekühlt)

200 g Magerquark

2 Eier

1 Päckchen Backpulver

½ TL Salz

1 TL flüssigen Süßstoff

½ TL Zimt

❖ Zubereitung:

Die Beeren pürieren und mit den restlichen Zutaten vermischen. Zu einem Teig kneten und ein Brot formen (oder Brötchen).

Das Brot/Brötchen auf ein Backblech (Backpapier) geben und für 30 – 40 Minuten auf mittlerer Schiene bei 170 Grad im Backofen backen.

Die Brötchen brauchen zirka 8 Minuten weniger.

Pfannkuchen mit Kichererbsen-Mehl

❖ **Zutaten:**

8 Eier

6 EL Kichererbsen-Mehl

2 EL gemahlene Kokosflocken (die zum Backen)

1 EL Hartweizengrieß

½ TL Backpulver

Etwas Sahne

Salz oder flüssigen Süßstoff

❖ **Zubereitung:**

Die Teigmasse ca. eine halbe Stunde quellen lassen und mit etwas Öl in der Pfanne Pfannkuchen ausbacken.

Pizzaboden "ohne" Eiweiß-Pulver

❖ **Zutaten:**

4 Eigelbe

2 EL warmes Wasser

2 – 3 Prisen Salz

Pfeffer etwas Curry

4 Eiweiße

200 gemahlene Mandeln

½ TL Oregano

½ TL Tomatenmark

❖ **Zubereitung:**

Eigelb schaumig rühren und die Gewürze dazu geben.

Das geschlagene Eiweiß mit den Mandeln vermischen und unter das Eigelb heben.

Das eingefettete Backblech mit dem dünn ausgerollten Teig belegen.

Den Teig mit Tomatenmark bestreichen und belegen zum Beispiel mit Pilzen, Salami oder andere Zutaten. Zum Schluss den Käse

Bei ca. 200 Grad ca. 30 Minuten backen.

Einfache Haselnuss Kekse

❖ **Zutaten:**

200 g geschmolzene Butter

1 Tütchen Backpulver

3 EL Süßstoff

1 Prise Salz

1 EL Zitronensaft

200 g gemahlene Haselnüsse

2 EL gehackte Haselnüsse

200 g Eiweißpulver

6 Eier

❖ **Zubereitung:**

Die Masse ein paar Minuten rühren. Daraus kleine Bällchen formen und plattdrücken. Die Taler auf ein Blech legen (mit Backpapier).

Zwischen 15 und 20 Minuten bei 170 Grad backen.

Tipp: Sie können die Kekse sehr gut einfrieren. Und auf dem Toaster ein paar Minuten cross toasten.

Möchten Sie gerne Müsli essen? Dann zerkleinern Sie ein paar Kekse und vermischen es mit Naturjoghurt, Hüttenkäse oder Quark. Dazu nehmen Sie etwas Süßstoff zum süßen.

Gewürzkuchen

❖ Zutaten:

250 g geschmolzene Butter

5 TL flüssigen Süßstoff

6 Eier unterrühren.

1 TL gemahlenen Koriander

2 EL Kakao

1 TL Zimt

1 TL gemahlene Nelken

1 Backaroma-Vanille

3 – 4 EL Eiweißpulver

150 g Sojamehl

100 g gemahlene Mandeln

1/2 Tütchen Backpulver

❖ Zubereitung:

Die geschmolzene Butter, Süßstoff, Eier, Koriander, Kakao, Zimt, Nelken und Vanille sehr gut miteinander verrühren. Die restlichen Zutaten hinzu geben und verrühren.

Den Teig in eine eingefettete und mit Mandeln ausgestreute Springform geben. Den Kuchen 160 Grad zirka 50 bis 60 Minuten backen.

Tipp: Sie können den Kuchen auch einfrieren. Dazu schneiden Sie einzelne Stücke.

Bounty-Kuchen

❖ **Zutaten:**

160 g Kokosraspel

4 EL Sonnenblumenöl

6 gehäufte EL Kakao

4 Eier

1 TL Backpulver

5 TL Süßstoff

4 große EL Hüttenkäse

❖ **Zubereitung:**

Erst alle trockene Zutaten mischen, dann die feuchten Zutaten hinzu geben und verrühren.

7 Minuten in der Mikro garen.

Russischer Zupf-Kuchen

❖ **Zutaten für den Boden:**

100 g geschmolzene Butter

200 g gemahlene Mandeln

4 EL gemahlene Mandeln für die Backform

20 g Weizenkleie

70 g Eiweißpulver

4 TL flüssigen Süßstoff

❖ **Zubereitung:**

Die Butter abkühlen lassen.

Alle Zutaten zusammen mischen und rühren (Der Teig wird krümelig).

Geben Sie so viel Eiweißpulver hinzu, dass er sich gut rühren lässt und nicht zu nass ist.

Eine Springform (18 cm Durchmesser) einfetten und mit gemahlenen Mandeln bestreuen.

Die Hälfte des Teiges hinein geben und den Teig andrücken. Die Kuchenform zur Seite stellen.

❖ Zutaten für den Belag:

2 Eier

500 g Quark

1 Päckchen weiße Sofort Gelatine

2 EL flüssiger Süßstoff

❖ Zubereitung:

In einer Schüssel die Eier schaumig rühren.

Den Quark durchrühren. Den Quark zu den Eiern geben. Gelatine, Süßstoff dazu geben und durchrühren.

Geben Sie diese Quarkmischung auf den Kuchenboden und streichen Sie ihn glatt. Die andere Hälfte des Teiges in kleine flache Kleckse auf den Belag legen.

Bei 160 Grad im Backofen zirka 1 Stunde backen.

Den Kuchen im geschlossenen Backofen noch 10 Minuten stehen lassen.

Cracker

❖ **Zutaten:**

250 g gemahlene Mandeln

50 g Sojamehl

75 g Gluten (Weizenkleber)

50 g Butter

3 Eier

2 Eiweiße zum Bestreichen

1 TL Salz

1 EL Kümmel,

2 EL Sesamkörner

2 EL Süßstoff

2 – 3 gehäufte EL Eiweißpulver

100 ml Sahne

100 g geriebener Käse

❖ Zubereitung:

Gemahlene Mandeln, Sojamehl und das Gluten mischen und die zerlassene Butter, Eier, Süßstoff und Salz zu einem Teig verkneten.

Eventuell (nur wenig) Sahne hinzu geben. 30 Minuten im Kühlschrank ruhen lassen.

Den Teig zirka 3 mm ausrollen. Wenn sich der Teig nicht gut rollen lässt, etwas Eiweißpulver hinzu geben und wieder kneten.

Runde Taler ausstechen (Schnapsglas) und sie auf ein Backblech (mit Backpapier) legen. Mit Eiweiß bestreichen und mit Käse, Kümmel oder Sesam belegen.

Im vorgeheizten Backofen bei 220 Grad zirka 16 Minuten backen.

Tipp: Die Kräcker lassen sich sehr gut einfrieren und auf dem Toaster cross toasten (oder im Backofen).

Dazu passt ein feiner Kräuterquark:

250 g Quark, 1/3 TL Salz, eine Prise Pfeffer und getrocknete (oder frische) Kräuter dazu geben. ½ kleine Zwiebel passt auch gut dazu (es gibt auch getrocknete Zwiebeln im Glas). Wer Knoblauch mag: 1 Zehe oder 1/3 TL Knoblauchpulver in den Quark geben.

Marzipan-Kuchen

❖ **Zutaten:**

250 g geschmolzene Butter

4 Eier

100 g gemahlene Mandeln

2 gehäufte EL Eiweißpulver

1 Backaroma-Bittermandel

4 EL flüssigen Süßstoff

1/2 Tütchen Backpulver

❖ **Zubereitung:**

Butter, Eier, Süßstoff, Mandeln und Eiweißpulver vermischen und zum Schluss das Aroma dazu. Sehr gut rühren.

In eine Kuchenform füllen und bei 180 Grad ca. 40 Minuten backen.

Philadelphia-Torte

❖ **Zutaten:**

600 g Frischkäse

600 g Sahne

1 Päckchen Wackelpudding (ohne Zucker, egal welcher Geschmack)

❖ **Zubereitung:**

Der Wackelpudding in etwas Wasser einrühren und zum Auflösen erwärmen. Die Wasser-Soße unter den Frischkäse rühren und mit 4 EL flüssigen Süßstoff abschmecken. Dann die geschlagene Sahne unterheben.

❖ **Für den Boden:**

200 g geschmolzene Butter

340 g gemahlene Mandeln

❖ **Zubereitung:**

Alle Zutaten rühren und krümelig auf den Boden einer Springform einfüllen, glatt drücken und kaltstellen.

Dann die Wackelpudding-Masse drauf geben.

Im Kühlschrank ca. 4 – 5 Stunden kalt stellen.

Kirschtorte

❖ Zutaten:

4 Eiweiße steif schlagen

4 Eigelbe

100 g gemahlene Mandeln

2 TL flüssigen Süßstoff

2 EL Kakao

1 TL Backpulver

❖ Zubereiten:

Eigelb mit dem Süßstoff verrühren und mit den Mandeln, Kakao und Backpulver unter das geschlagene Eiweiß mischen. In eine Springform mit Backpapier auslegen und den Teig hinein geben.

Bei ca. 180 Grad mittlere Schiene ca. 35 Minuten backen.

Kalten Boden auf eine Tortenplatte und einen Tortenrand herum legen.

600 g Schlagsahne

2 TL flüssigen Süßstoff

1 Backaroma-Vanille

6 Gelatineblätter (und für die Kirschen anzudicken noch zusätzliche Gelatine)

1 Glas Schattenmorellen

Für die Schokoraspeln nimmt man 75% Schokolade

Die Kirschen abtropfen lassen und 16 Kirschen zur Seite legen. Den Saft mit Fertig-Gelatine andicken.

Nach dem Erkalten die Kirschen und ein Schnapsgläschen Kirschwasser unterrühren.

Die Kirschmasse auf den kalten Boden verteilen.

Gelatine einweichen, ausdrücken und in einer Tasse im Wasserbad schmelzen lassen.

Sahne steif schlagen, Süßstoff, Backaroma-Vanille und Gelatine unter die Sahne heben und mit den Kirschen auf dem Boden verteilen.

Die Torte für 4-5 Stunden in den Kühlschrank stellen.

Vor dem Servieren Tortenrand entfernen und den Rand mit geraspelter Schokolade verzieren.

Torte in 16 Stücke markieren, und die Kirschen als Verzierung drauf legen.

Eierlikör-Torte

❖ Zutaten für den Boden:

4 Eiweiße steif schlagen

4 Eigelbe

100 g gemahlene Mandeln,

2 TL flüssigen Süßstoff

❖ Zubereitung:

Eigelb mit dem Süßstoff verrühren und mit den Mandeln unter das geschlagene Eiweiß heben. In eine Springform füllen und bei 180 Grad ca. 30 Minuten backen.

❖ Zutaten für den Belag:

4 Eigelb

1 TL flüssigen Süßstoff

250 g Eierlikör

6 Blatt Gelatine

750 g Schlagsahne

❖ Zubereitung:

Eigelb, Süßstoff und 4 EL Eierlikör cremig schlagen. Restlichen Eierlikör unterrühren. Eingeweichte Gelatine bei wenig Hitze auflösen und unter die Eigelbmasse mischen und kalt stellen. Sahne steif schlagen. Sobald die Eigelbmasse zu gelieren beginnt, Sahne unterheben und auf dem Boden verteilen. Etwas Eierlikör auf der fest gewordenen Masse verteilen. Das Ganze dann ca. 4 – 5 Stunden kalt stellen.

Käse-Sahne-Torte

❖ Zutaten für den Boden:

4 Eiweiße steif schlagen

4 Eigelbe

100 g gemahlene. Mandeln, 2 TL flüssigen Süßstoff

❖ Zubereitung:

Eigelb mit dem Süßstoff verrühren und mit den Mandeln unter das geschlagene Eiweiß ziehen. In eine Springform füllen und bei 180 Grad (Mittlere Schiene) ca. 30 Minuten backen.

❖ Zutaten für den Belag:

100 g geschmolzene Butter

3 TL flüssigen Süßstoff

3 Eier, getrennt

500 g Magerquark

6 Gelatineblätter einweichen

250 g Schlagsahne, Backaroma-Vanille, Prise Salz

❖ Zubereitung:

Butter mit dem Süßstoff und dem Eigelb schaumig rühren. Quark, Backvanille und Salz hinzu geben. Alles gut verrühren. Gelatine gut ausdrücken und mit 2-3 EL heißem Wasser auflösen. Die noch warme Gelatine in die Quarkmasse einrühren. Steif geschlagene Sahne und den steif geschlagenen Eierschnee unterheben.

Erdbeer-Sahne-Torte

❖ Zutaten für den Boden:

4 Eiweiße steif schlagen

4 Eigelbe

100 g gemahlene Mandeln, 2 TL flüssigen Süßstoff

❖ Zubereitung:

Eigelbe mit dem Süßstoff verrühren und mit den Mandeln unter das geschlagene Eiweiß ziehen. In eine Springform füllen und bei 180 Grad ca. 30 Minuten backen.

❖ Zutaten für den Belag:

500 g frische Erdbeeren

500 g Schlagsahne

2 TL flüssigen Süßstoff, 1 Backaroma-Vanille, 100 ml Apfelsaft

6 weiße Gelatineblätter einweichen

❖ Zubereitung:

Die Hälfte der Erdbeeren pürieren. Restliche Erdbeeren zum Belegen bei Seite stellen. Sahne, Vanillearoma und Süßstoff steif schlagen. Gelatine auflösen. Nach und nach Apfelsaft einrühren und die Mischung unter das Erdbeerpüree rühren. Wenn die Masse zu Gelieren beginnt steif geschlagene Sahne unterheben.

Die Torte 4-5 Stunden in den Kühlschrank stellen.

Schoko-Muffins ohne Eiweiß-Pulver

❖ **Zutaten:**

100 g geschmolzene Butter (abkühlen lassen)

6 Eier sehr schaumig rühren

1 Backaroma-Vanille

1 Tütchen Backpulver

400 g gemahlene Haselnüsse

100 g Kleie

80 g gehobelte Mandeln (oder grob gehackte)

2 EL Kaffeepulver

2 EL Sahne

2 gehäufte TL Kakao

5-6 EL flüssigen Süßstoff

❖ **Zubereitung:**

Den Teig in eine Muffin-Form mit Papier geben.

Bei 165 Grad ca. 40 Minuten backen.

Tipp: Man könnte auch Kekse daraus formen!

Brauni-Kuchen

❖ **Zutaten:**

6 Eier

300 g Quark

40 g Kokosraspel

160 g gemahlene Mandeln

40 g Kleie

6 gehäufte TL Kakao

2 gestrichene TL Natron

2 gestrichene TL Vitamin C Pulver (wenn vorhanden)

700 g geriebene Karotten

1 Backaroma-Rum

1 Backaroma-Vanille

5 EL flüssigen Süßstoff

1 Prise Salz

1 Prise Kaffeepulver

4 TL Eiweißpulver

6 TL Essig

1 EL Leinsamen

3 TL Zimt

1 Prise Kardamon

100 ml Milch

100 ml Rotwein

❖ Zubereitung:

Wenn der Teig zu trocken ist, etwas (wenig) Milch dazugeben.

Teig auf ein mit Backpapier ausgelegte Springform verstreichen und bei 150 Grad ca. 30 – 40 Minuten backen.

Bei Zimmertemperatur abkühlen lassen.

Kokosmakronen

❖ **Zutaten:**

5 Eiweiße steif schlagen

1 TL Zitronenpulver

ca. 4 EL Streusüße (Pulver) nacheinander beim Schlagen hinzufügen

200 g Kokosflocken unterheben.

❖ **Zubereitung:**

Die Teigmasse ergibt 9 große Kokosmakronen auf einem Blech!

Die Kokosmakronen ca. 45 Minuten bei ca. 125 Grad im Backofen backen, dann noch bei geschlossenem Backofen ca. 15-20 Minuten abkühlen lassen.

Mandel-Möhren-Kuchen

❖ Zutaten:

250 g Möhren klein mixen

4 Eier (Eiweiße trennen)

Eiweiße steif schlagen

4 TL flüssigen Süßstoff

400 g gemahlene Mandeln

1 Prise Salz

❖ Zubereitung:

Alle Zutaten mischen und zum Schluss das Eiweiß drunter heben.

In die Muffin-Form geben und bei ca. 175 Grad ca. 40 - 45 Minuten backen.

Kekse ohne Eiweiß-Pulver

❖ Zutaten:

150 g geschmolzene Butter

4 Eier zuerst sehr schaumig rühren und dann die abgekühlte Butter hinzu geben.

50 g gemahlene Wal-Nüsse

50 g gemahlenen Leinsamen

50 g gemahlenen Sesam

200 g gemahlene Mandeln

100 g gemahlene Haselnüsse

1 Tütchen Backpulver

1 TL Kakao

3 - 4 Tropfen Pfefferminzöl (aus der Apotheke)

❖ Zubereitung:

Alle Zutaten mischen und bei 180 Grad ca. 30 - 35 Minuten backen

Einfacher Tortenboden

❖ Zutaten:

2 Eier trennen

100 g gemahlene Mandeln

2 EL flüssigen Süßstoff

1 Prise Salz

1 TL Backpulver

❖ Zubereitung:

Eiweiße mit der Prise Salz und dem Süßstoff steif schlagen.

Die gemahlenen Mandeln und Backpulver mit dem Eigelb verrühren.

Dann das Eiweiß unter heben.

Den Teig in eine gefettete Tortenbodenform geben und

bei 175 Grad ca. 30 Minuten backen.

Erdnussbutterkekse

❖ **Zutaten:**

1/2 Glas Erdnussbutter mit Stückchen (ohne Zucker)

ca. 200 g Cremedouble

100 g gehackte Haselnüsse

1 Backaroma-Vanille

4 EL flüssigen Süßstoff

2 TL Sojamehl

1 TL Backpulver

❖ **Zubereitung:**

Backofen auf 190 Grad vorheizen.

Alle Zutaten in einer Schüssel gut verrühren.

Mit einem Teelöffel Kekse auf ein Backblech (Backpapier nicht vergessen) geben und 10-15 Minuten backen.

Sonstige Süßspeisen

Schokoladenglasur für Kuchen und Kekse

❖ **Zutaten:**

3 Würfel Palmin

6 EL Sahne

1 EL Kakao (ohne Zucker)

2 TL flüssigen Süßstoff

❖ **Zubereitung:**

Palmin langsam schmelzen lassen und die restlichen Zutaten hinein geben. Den abgekühlten Kuchen damit bestreichen.

Tipp: Sie können den Kuchen in zwei Hälften teilen und mit der Glasur bestreichen.

Oder in der Mitte des Kuchens eine Quarkmasse darauf streichen. Den Quark etwas mit Süßstoff und Backaroma (Vanille oder Rum) verfeinern.

Wenn Sie Brötchen übrig haben, können Sie diese Glasur auch als Schoko aufs Brot/Brötchen streichen.

LC Milchschnitte mit Mandelmilch

Für 8 Stück

❖ Zutaten für den Teig:

4 Eiweiß (Hühnereier trennen)

70 g Eiweißpulver mit Schokogeschmack

3 Eigelbe

2 TL Kakao ohne Zucker

1 TL Backpulver

100 ml Mandelmilch

❖ Zutaten für die Creme:

250 g Magerquark

30 g Eiweißpulver mit Vanillegeschmack

❖ Zubereitung für den Teig:

Hühnereier trennen und das Eiklar steif schlagen.

In einer 2. Schüssel aus den restlichen Zutaten (Schoko-Eiweißpulver, Eigelbe, Kakao, Backpulver) einen Teig rühren - die Mandelmilch vorsichtig hinzu geben.

Steifes Eiweiß und den Schokoteig vorsichtig vermischen und auf ein Blech (mit Backpapier auslegen) geben und glatt streichen. Bei 150 Grad zirka 16 Minuten backen.

❖ Zubereitung für die Creme:

Das Vanille-Eiweiß mit wenig (Tropfenweise) Mandelmilch verrühren. Es sollte eine sehr zähflüssige Masse sein! Den Quark hinzu geben und verrühren.

Im Kühlschrank für zirka 3 – 4 Stunden kalt stellen.

Die abgekühlten Schoko-Stücke in 20 Stücke teilen.

10 Stücke mit der Eiweiß-Masse bestreichen und eine Schokotafel darauf setzen.

Die Milchschnitten halten sich 3 Tage im Kühlschrank.

Tiramisu

❖ **Zutaten:**

4 EL Kaffeepulver

1 Backaroma Vanille

2 Eier

2 EL Cognac

150 g Quark

70 g Low Carb Kekse

2 TL Kakao

❖ **Zubereitung:**

Sehr starken Kaffee kochen und abkühlen lassen,

Eier trennen und Eiweiß steif schlagen. Kalt stellen.

Eigelbe, Backaroma-Vanille und Cognac in eine Rühr-schüssel geben (Metall) und im heißen Wasserbad mit dem Mixer zu einer dicken Creme verrühren.

Abkühlen lassen. Dann den Eischnee mit der Creme glatt rühren.

Magerquark cremig rühren und die Ei-Creme unterrühren.

Kekse kurz in den kalten Kaffee tauchen.

Eine Auflauf-Form mit der Hälfte der Kekse auslegen und die Hälfte der Creme darauf verteilen,

Übrige Kekse drauf legen. Die restliche Creme darauf strei-chen und den Kakao darüber sieben.

Im Kühlschrank 1 Stunde ziehen lassen.

Grießbrei

❖ **Zutaten:**

200 ml Milch

3 EL Sahne

3 TL gemahlene Mandeln

Ein paar Tropfen Backaroma-Vanille

2 EL flüssigen Süßstoff

½ TL Guarkern-Mehl

❖ **Zubereitung:**

Etwas Milch mit den Mandeln in einen Rührbecher und mit dem Zauberstab ganz fein mixen.

Den Rest dazu kippen und mixen. Für einen warmen Grießbrei, zwei Minuten in der Mikrowelle erwärmen.

Beeren-Müsli

❖ **Zutaten:**

400 g Beeren

4 EL gehackte Haselnüsse

2 EL gehobelte Mandeln

1 EL Kokosraspel

500 ml Naturjoghurt

Etwas Süßstoff

❖ **Zubereitung:**

Alle Zutaten miteinander mischen.

Anstatt Joghurt kann man auch Hüttenkäse oder Quark nehmen. Wer Low Carb Kekse gebacken hat, kann zirka 4 Kekse hinein krümeln.

Tipp: Sie können die Zutaten in einem Glas oder Plastik-Dose mitnehmen und an Ihrem Arbeitsplatz frisch zubereiten. Sollten Sie gefrorene Beeren in Ihrer Kühltruhe haben, nehmen Sie diese in einem Glas oder Plastik-Dose mit.

Wenn Sie das Glas oder die Dose in einer großen Größe wählen, können Sie Ihr Müsli an Ihrem Arbeitsplatz darin zubereiten.

Mascarponecreme für den Kuchenboden

❖ Zutaten:

250 g Mascarpone

1 Eigelb

1 EL flüssiger Süßstoff

1 LC Tortenboden

❖ Zubereitung:

250 g Mascarpone mit einem Eigelb und 1 EL flüssigem Süßstoff glatt rühren und auf den Boden streichen.

ODER: 350 g gefrostete Beerenmischung auf dem Boden verteilen und 250 g Sahne-Quark mit 100 ml Schlagsahne und 2 EL flüssigem Süßstoff mischen und auf den Boden streichen.

Schokoladencreme

❖ Zutaten:

200 g Magerquark

4 Eiweiß

1 TL Kakao

1-2 EL Mineralwasser

2 EL flüssigen Süßstoff

❖ Zubereitung:

Den Magerquark, Kakao, Mineralwasser und Süßstoff zu einer dicklichen Masse rühren.

Das Eiweiß mit einer Prise Salz steif schlagen und in 2-3 Portionen unter den Quark heben.

In 4 Schälchen füllen und für 40 Minuten in den Kühlschrank stellen. Nach ca. 4-5 Stunden verflüssigt sich das Eiweiß am Boden wieder.

Schoko-Haselnuss-Creme

❖ **Zutaten:**

200 ml Sahne

2 EL Kakao

60 g gemahlene Hasel-Nüsse

60 g geschmolzene Butter

4 EL flüssigen Süßstoff

❖ **Zubereitung:**

Butter schmelzen und mit den Zutaten vermischen.

Im Kühlschrank ca. 3-4 Tage aufbewahren.

Tipp: Schmeckt sehr gut mit Low Carb Kekse.

Ruccola-Walnuss-Quark

❖ **Zutaten:**

500 g Quark

50 g Ruccola

15 Walnusshälften (aus der Tüte)

Salz

Pfeffer

1 TL flüssigen Süßstoff

❖ **Zubereitung:**

Quark mit Wasser cremig schlagen und mit Salz, Pfeffer und Süßstoff würzen.

Ruccola waschen und in dünne Streifen schneiden.

Walnüsse in Stückchen brechen.

Alles vermischen und ein paar Stunden durchziehen lassen.

Apfel-Quark

❖ **Zutaten:**

500 g Quark (oder Naturjoghurt)

4 EL Sahne

4 EL Wasser

1 Apfel

½ TL flüssiger Süßstoff

120 g gehackte Haselnüsse

❖ **Zubereitung:**

Den Quark mit Sahne/Wasser verrühren.

Apfel klein würfeln und die Haselnüsse mit dem Apfel unter den Quark mischen.

Dips, Brotaufstriche, Chips

Kräuter-Quark

❖ **Zutaten:**

500 g Quark

4 EL Milch

½ TL Salz

1/3 TL Pfeffer

½ Zwiebel

1 Knoblauchzehe

½ rote Paprika

4 EL Kräuter (es gehen auch getrocknete Kräuter)

1 TL Zitronensaft

❖ **Zubereitung:**

Quark, Milch, Zitronensaft, Gewürze und die sehr klein gewürfelte Zwiebel und Knoblauchzehe zusammen mischen. Die rote Paprika auch sehr klein schneiden und dazu geben und mit den Kräutern unter den Quark mischen.

Tipp: Diese Quarkspeise schmeckt sehr gut auf frischem Low Carb Brot oder auch zu Fleischspeisen.

Mango-Zucchini-Creme für Fleischgerichte

❖ **Zutaten:**

4 Zucchini

2 reife Mango

4 EL Sojasoße

½ TL Salz

wenig Pfeffer

½ TL Curry

❖ **Zubereitung:**

Zucchini waschen und fein raspeln. Mango schälen und vierteln. Ein Viertel in feine Streifen schneiden.

Aus den anderen Vierteln den Saft auspressen. Die Sojasauce mit dem Mango-Saft verrühren und mit den Gewürzen abschmecken.

Tipp: Sie können diese Creme auch auf Brot/Brötchen essen.

Zwiebel-Schmand-Brotaufstrich

❖ **Zutaten:**

2 Zwiebeln

2 Knoblauchzehen

300 g grobe Leberwurst

1 kleine Peperoni

1 Paprika

½ TL Salz

½ TL Pfeffer

½ TL Curry

250 g Schmand

3 EL Sahne

3 EL Öl

❖ **Zubereitung:**

Zwiebeln, Knoblauch, Peperoni, Paprika sehr klein würfeln. Alle Zutaten kurz anbraten, zum Schluss den Schmand hinzu geben und auf Low Carb Brot servieren.

Griechische Hirtencreme

❖ **Zutaten:**

25 schwarze und entkernte Oliven

5 Knoblauchzehen

400 g Schafskäse

200 g weiche Butter

5 EL Sahne

2 EL Naturjoghurt

4 EL Tomatenmark

½ TL Salz

½ TL Pfeffer

1 TL Oregano

❖ **Zubereitung:**

Die Oliven in Scheiben schneiden und den Knoblauch durchpressen. Den Käse mit einer Gabel fein zerkleinern und mit der weichen Butter mischen.

Nach und nach Milch, Tomatenmark, Gewürze hinzu geben und zum Schluss die Oliven und den Knoblauch zugeben.

Eine Stunde kühl stellen.

Tipp: Diese Creme passt sehr gut zu Fleisch- und anderen Gerichten. Sie können diese Creme auch auf Brötchen/Brot streichen. Sie hält sich 3 – 4 Tage im Kühlschrank.

Avocado-Dip

❖ **Zutaten:**

½ Avocado

3 kleine Tomaten

3 EL körniger Frischkäse

2 EL Zitronensaft

3 – 4 Prisen Salz

2 Prisen Pfeffer

❖ **Zubereitung:**

Tomaten waschen und den Stielansatz entfernen. Die Tomaten halbieren.

Die ½ Avocado schälen und den Stein entfernen.

Fruchtfleisch mit 2 TL Zitronensaft in eine Schüssel geben und fein zerdrücken (mit einer Gabel).

3 EL körnigen Frischkäse zur Avocado geben, untermischen und mit Salz und Pfeffer würzen.

Tipp: Schmeckt gut zu Low Carb Brötchen/Brot

Rettichmus

❖ **Zutaten:**

½ weißer Rettich

80 ml saure Sahne

2 TL flüssige Sahne

½ Zwiebel

1 kleine Möhre

1 Knoblauchzehe

100 g Kohlrabi (aus dem Glas)

1 EL geschnittene Petersilie

1 EL geschnittener Schnittlauch

1 EL Zitronensaft

½ TL Salz

3 Prisen Pfeffer

❖ **Zubereitung:**

Petersilie, Schnittlauch und Zwiebel sehr klein würfeln.

Rettich und Möhre fein reiben. Kohlrabi in sehr dünne Streifen schneiden. Knoblauch klein pressen. Alles zusammen mit den Gewürzen mischen.

Tipp: Dieses Rezept können Sie auch als Dip zu Fleischspeisen benutzen zum Beispiel zu Fondue.

Das Mus schmeckt auch sehr gut auf gebackenem Low Carb Brot.

Mexikanischer Salsa-Dip

❖ Zutaten:

4 kleine Tomaten

1 Zehe Knoblauch

½ Bund frischer Koriander

1 kleine grüne Chili

1 Frühlingszwiebel

1 EL Schnittlauch

1 EL Olivenöl

1 EL Zitronensaft

½ TL Streusüße (Süßstoff)

½ TL Paprikapulver

½ TL Currypulver

½ TL Salz

❖ Zubereitung:

Tomaten fein würfeln. Knoblauch fein würfeln, Chili entkernen und fein hacken. Frühlingszwiebel in feine Ringe schneiden, Koriander und Schnittlauch grob schneiden, mit den übrigen Gewürzen und Zutaten in einer Schüssel mischen.

Tipp: Für eine sehr grobkörnige Salsa werden sämtliche Zutaten in eine Schüssel gegeben und gut durchgerührt.

Die Salsa hält sich 3 Tage im Kühlschrank und passt zu Brot, Fleisch- und Fischgerichten.

Tomaten Dip einfach

❖ **Zutaten:**

5 EL Tomatenmark

2 EL Olivenöl oder Sonnenblumenöl

40 ml Wasser

3 EL getrockneter Schnittlauch

3 EL getrocknete Petersilie

1 TL getrockneter Oregano

½ TL Salz

½ TL Knoblauchpulver

½ TL Pfeffer

1 schwacher TL Senf

2 EL Zitronensaft

1 EL Steusüße

❖ **Zubereitung:**

Alles miteinander mischen.

Grünkohlchips (zirka 100 g)

❖ **Zutaten:**

Zirka 100 g geputzten Grünkohl

Zirka 2 g Macisblüte

½ TL Koriandersaat

½ TL Pigmentkörner

4 Prisen Zimtpulver

½ TL Sumach

½ TL Salz

❖ **Zubereitung:**

Den Grünkohl putzen (das Grüne von den mittleren und harten Rippen abzupfen). Den Grünkohl waschen und trocken tupfen.

In Stücke rupfen. Die Kohlstücke auf ein Backblech (mit Backpapier auslegen) legen.

Nicht zu dicht und auch nicht übereinander legen!

Im vorgeheizten Backofen bei 130 Grad auf der 2. Schiene zirka 10 Minuten knusprig garen.

Die Backofentür mit einem Holzlöffel einen Spalt breit offen halten.

Eine Pfanne heiß werden lassen und den Koriander leicht rösten, abkühlen lassen.

Den abgekühlten Koriander zusammen mit Macisblüte, Pigmentkörner in der Küchenmaschine fein mahlen.

Mit Zimt, Sumach und Salz mischen und zu den Grünkohlchips servieren.

<u>Macis oder Mazis</u> (auch Muskatblüte genannt), wird der Samenmantel der Frucht des Muskatnussbaums genannt. Getrocknet oder auch gemahlen wird Macis zum Würzen von Fleischgerichten, Wurst und Gebäck verwendet.

<u>Sumach</u> schmeckt sehr fruchtig und sauer und wird in vielen Ländern ähnlich wie Zitrone genutzt.

Low Carb Käse-Chips

❖ Zutaten:

80 g Parmesan (grob geraspelt)

60 g geriebenen Gouda-Käse

120 g Frischkäse

2 EL getrocknete Kräuter

½ TL Knoblauchpulver

½ TL Curry- **oder** Paprikapulver

2 EL Zitronensaft

❖ Zubereitung:

Backofen auf 200 Grad vorheizen (Ober- und Unterhitze).

Parmesan und den Gouda-Käse in einer Schüssel mischen. Backblech mit Backpapier auslegen und die Käsemischung pro 1 EL zu kleinen Häufchen auf dem Backblech platzieren.

Backzeit zirka 15 Minuten bei 200 Grad. Die fertigen Chips auf Küchenpapier kurz abkühlen lassen.

Frischkäse in eine Schüssel geben und mit den Kräutern, Knoblauchpulver, Curry- oder Paprikapulver und dem Zitronensaft mischen.

Suppen

Bärlauch Cremesuppe

❖ **Zutaten:**

500 g Bärlauch

1 Möhre, 1 Zwiebel

4 Cocktailtomaten

3 EL Butter

¾ Liter Gemüsebrühe

200 ml Sahne

½ TL Salz

1/3 TL Pfeffer

½ TL Curry

❖ **Zubereitung:**

Bärlauch, Möhre und Zwiebel fein hacken.

1 EL Bärlauch besonders fein hacken und zur Seite stellen. Die Cocktailtomaten vierteln und auch zur Seite stellen.

Die Zwiebel und die Möhre in der Butter glasig dünsten. Bärlauch dazugeben und mit der Gemüsebrühe aufgießen. Aufkochen lassen und die Schlagsahne einrühren. Mit einem Mixstab fein pürieren. Mit den Gewürzen abschmecken.

Die Suppe in Teller verteilen und in jeden Teller ein wenig mit den feingehackten Bärlauchblättern und den Tomatenstückchen garnieren.

Sellerie-Cremesuppe mit Schinken

❖ Zutaten:

500 g Knollensellerie

2 EL Rapsöl

750 ml Gemüsebrühe

4 Scheiben roher, geräucherter Schinken

40 g Kürbiskerne

200 ml Milch

100 g Schlagsahne

Salz, Pfeffer und Muskatnuss

❖ Zubereitung:

Knollensellerie putzen, waschen und würfeln. Öl in einem Suppentopf erhitzen, Selleriewürfel darin anschwitzen, bis sie leicht gebräunt sind. Mit Brühe aufgießen und bei schwacher Hitze für circa 20 Minuten garen.

Währenddessen Schinken würfeln und die Kürbiskerne hacken. Suppe vorsichtig pürieren. Milch und Sahne einrühren. Mit Salz, Pfeffer und Muskatnuss abschmecken.

Auf zwei Tellern anrichten und mit Schinken und Kürbiskernen bestreuen.

Lamm Eintopf

❖ **Zutaten:**

500 g Lammfleisch

2 Zwiebeln

150 g Aubergine

½ Zitrone, 2 EL Olivenöl

½ TL Salz

2 – 3 Prisen Pfeffer

½ TL Currypulver

1 Zimtstange

500 ml Gemüsebrühe

2 Zweige Thymian

1 Lorbeerblatt

❖ **Zubereitung:**

Das Lammfleisch abspülen, trocken tupfen und in Würfel schneiden. Aubergine waschen, putzen und in Stücke schneiden. Zwiebeln schälen und fein würfeln. Zitronenschale ab raspeln und die Frucht auspressen.

Einen hohen Bräter heiß werden lassen, das Olivenöl darin erhitzen und das Fleisch knusprig anbraten, würzen und bei Seite stellen. Gemüse im Bratenfond anbraten, die Gewürze, Fleisch und Datteln zugeben und die Gemüsebrühe dazu geben. Alles aufkochen und zirka 25 Minuten schmoren lassen.

Zitronenschale, den Saft und Thymian hinzugeben. Weitere 25 Minuten leicht schmoren lassen. Zimtstange und Lorbeerblätter herausnehmen. Lamm-Topf abschmecken.

Fischsuppe

1 Lauchzwiebel

200 g Zucchini

200 g Kohlrabi

1 Möhre

1 EL Olivenöl

0,1 g Safranfäden

1 EL Tomatenmark

½ TL Harissa (Chilipaste)

½ TL Kreuzkümmelsamen

200 ml Fischfond

400 g Kabeljaufilet

½ Bund Petersilie

½ TL Salz

3 Prisen Pfeffer

400 ml Wasser

❖ Zubereitung:

Lauchzwiebel und Kohlrabi schälen und in kleine Würfel schneiden. Zucchini, Möhre putzen und würfeln. Olivenöl in einem großen Topf erhitzen, die Lauchzwiebel mit Safran, Tomatenmark und Harissa darin andünsten. Gewürze zugeben und kurz mitbraten.

Gemüse hinzugeben und unter Rühren andünsten. Fischfond und 400 ml Wasser hinzufügen.

Alles aufkochen und zirka 10 Minuten kochen lassen. Fisch abspülen, in Stücke schneiden. Petersilie waschen und klein hacken.

Fischstücke zur Suppe geben und darin etwa 10 Minuten bei mittlerer Hitze garen. Suppe mit Salz und Pfeffer abschmecken.

Die Suppe mit Petersilie bestreuen.

Joghurt Suppe

❖ **Zutaten:**

1 Zucchini

1 kleine Möhre

1 gelbe frische Paprika

1 kleine Zwiebel, 1 Knoblauchzehe

1 EL Zitronensaft

300 g Joghurt

400 ml Gemüsebrühe

2 Eier

2 EL Olivenöl

½ TL Salz

3 – 4 Prisen Pfeffer

2 EL Kräuter

❖ **Zubereitung:**

Paprika, Möhre, Zucchini putzen, waschen und würfeln, Knoblauchzehe, Zwiebel sehr klein würfeln. Paprika, Möhre, Zucchini, Zwiebel in Olivenöl andünsten, zum Schluss den Knoblauch dazu geben.

Den Joghurt mit der Brühe und den Eiern im Topf verquirlen und unter ständigem Rühren heiß werden lassen (nicht kochen).

Den Topf vom Herd nehmen und mit Salz und Pfeffer abschmecken. Die Joghurtsuppe mit einem Stabmixer aufschäumen und das Gemüse in die Suppe geben, mit den frischen Kräutern bestreuen.

Joghurt Suppe mit Spinat

❖ **Zutaten:**

400 g Blattspinat oder 300 g TK-Spinat

400 g Joghurt

1 Zwiebel

2 Knoblauchzehen

1 Möhre

½ Blumenkohl

750 ml Wasser

3 EL Olivenöl

2 TL Salz für das Kochwasser

½ TL Salz, 3 Prisen Pfeffer

2 EL frische Kräuter

❖ **Zubereitung:**

Zwiebel, Möhre, Blumenkohl und den küchenfertigen Spinat klein schneiden. Das Olivenöl in einem hohen Topf erhitzen und die Zwiebel darin dünsten. Den Spinat, Möhre, Blumenkohl und das Wasser dazugeben und bei mittlerer Hitze mit geschlossenem Deckel zirka 35 Minuten kochen.

In der Zwischenzeit den Joghurt in eine Schüssel geben. Den Knoblauch schälen, durch die Knoblauchpresse drücken und zu dem Joghurt geben. Mit Salz und Pfeffer würzen.

Die Joghurtmischung zu dem garen Gemüse geben. Achtung: Die Suppe darf nicht mehr kochen! Mit Kräutern bestreuen.

Klassische Hühnersuppe

❖ **Zutaten:**

1 kleines Huhn

1 Zwiebel – vierteln

2 Knoblauchzehen

4 Möhren – in grobe Stücke schneiden

2 Stangensellerie – in grobe Stücke schneiden

1 Bund Schnittlauch – ein TL zurück behalten

1 Bund Petersilie – ein TL zurück behalten

½ Bund Dill

1 TL Salz

½ TL Pfeffer

1 EL Zitronensaft

❖ Zubereitung:

Das Huhn waschen und mit der Brustseite nach unten in einen großen Topf legen. Den Topf mit kaltem Wasser (bis 10 cm unter den Topfrand) auffüllen.

Möhren, Zwiebeln, Sellerie und die Kräuter hinzu geben und alles zum Kochen bringen.

Zirka 2 Stunden leicht köcheln lassen (Nicht kochen). Den Topfdeckel dazu etwas verschoben darauf legen. Zwischendurch immer wieder das Fett abschöpfen. Mit Salz und Pfeffer würzen. Nach 2 Stunden den Knoblauch und den Zitronensaft hinzu geben und eine weitere Stunde kochen.

Insgesamt kocht die Suppe zirka 3 Stunden.

Hühnerbrühe abseihen und die Brühe zurück in den Topf geben. Hühnerfleisch von den Knochen ablösen, die Haut entfernen. Das Fleisch in mundgerechte Stücke schneiden und zur Suppe geben. Nochmal mit Salz und Pfeffer abschmecken.

Die Suppe wird mit frischer Petersilie und Schnittlauch serviert.

Tipp: Anstatt einem Huhn kann man die Suppe auch mit Hühnerteilen kochen. Die Kochzeit verringert sich dann auf die Hälfte (1 bis 1 ½ Stunden).

Brokkoli-Möhren Suppe

❖ **Zutaten:**

2 große Brokkoli

2 Möhren

1 Stange Porree

1 Liter Gemüsebrühe

200 g geriebener Käse

200 ml flüssige Sahne

2 EL Zitronensaft

½ TL Salz

½ TL Chilipulver

2 EL Schnittlauch

❖ **Zubereitung:**

Brokkoli, Möhren, Porree waschen und in kleine Stücke schneiden. In der Gemüsebrühe zirka 20 Minuten garen. Die restlichen Zutaten (ohne Schnitt-lauch, Käse) hinzugeben und vorsichtig zu einem Brei stampfen. Suppe in die Teller geben und mit Schnittlauch und Käse bestreuen.

Mangold Suppe mit Joghurt

❖ Zutaten:

500 g Mangold

2 kleine Zwiebeln

1 Knoblauchzehe

1 kleine Möhre

500 ml Naturjoghurt

2 EL Zitronensaft

2 EL Sonnenblumenöl

½ Bund frischer Koriander, ½ Bund frischer Schnittlauch

1 TL gemahlener Koriander, 1 TL Kurkuma

½ TL Salz, 3 Prisen Pfeffer

❖ Zubereitung:

Mangold waschen, Blätter abzupfen, Stiele klein schneiden. Zwiebeln, Knoblauch waschen, schälen und klein würfeln. Möhre waschen, schälen und sehr fein würfeln.

Pfann heiß werden lassen, das Öl hinzu geben. Die Zwiebeln und die Möhre anschwitzen (zirka 5 Minuten), zum Schluss den Knoblauch hinzu geben. Den Mangold hinzu geben, kurz anbraten und mit 750 ml Wasser aufgießen. Mit Kurkuma, Pfeffer und Salz würzen. Alles zum Kochen bringen und mit geschlossenem Deckel auf kleiner Hitze zirka 20 Minuten köcheln lassen. Koriander und Schnittlauch waschen und klein schneiden.

Suppe von der Herdplatte ziehen und den Joghurt und den Zitronensaft in die Suppe verrühren. Mit den frischen Kräutern bestreuen.

Spargel Suppe mit Kokos

❖ Zutaten:

500 g grüner Spargel

1 Zwiebel, 1 Möhre

750 ml Gemüsebrühe

100 ml flüssige Sahne

2 EL Zitronensaft

3 EL Kokoscreme

2 Prisen Cayennepfeffer

½ TL Chilipulver

½ TL Salz

2 EL Olivenöl

❖ Zubereitung:

Zwiebel, Möhre schälen, in feine Scheiben schneiden, in Öl zirka 8 Minuten garen. Spargel waschen, nur an den Enden schälen, in Stücke schneiden, in der Pfanne zirka 10 Minuten mitdünsten. Alles in einen hohen Topf geben, Gemüsebrühe, Sahne und Kokoscreme sowie Gewürze hinzu geben, kurz aufkochen.

Chicorée Suppe mit Linsen

❖ Zutaten:

4 Chicorée

200 g fertig gekochte rote Linsen

1 kleine Zwiebel

500 ml Gemüsebrühe

150 ml süße Sahne

1 EL Zitronensaft

2 EL Orangensaft

2 EL Schnittlauch (waschen, in kleine Stifte schneiden)

2 EL Sonnenblumenöl

❖ Zubereitung:

Die Zwiebel schälen, waschen und in kleine Würfel schneiden.

Eine Pfanne heiß werden lassen und die Zwiebel darin dünsten.

Chicorée waschen und in Streifen schneiden. Chicorée-Streifen in die Pfanne geben und zirka 10 Minuten mitdünsten.

Alles in einen hohen Suppentopf geben. Die Gemüsebrühe hinzu geben. Die Masse pürieren und wieder kurz aufkochen lassen. Sahne, die Linsen, Zitronensaft, Orangensaft und die Gewürze hinzu geben.

Auf die Teller verteilen und mit dem Schnittlauch bestreuen.

Zwiebelsuppe

❖ Zutaten:

3 große Zwiebeln

750 ml Gemüsebrühe

2 EL Olivenöl

¼ L Weißwein

1 TL Salz

2 – 3 Prisen Pfeffer

100 g geriebener Gouda

❖ Zubereitung:

Zwiebeln klein würfeln, in der Pfanne mit dem Olivenöl dünsten, Gemüsebrühe, Wein und Gewürze hinzugeben (ohne Gouda) und zirka 15 Minuten leicht köcheln.

Mit dem Gouda überstreuen.

Vegetarisch

Räuchertofu-Bratlinge mit Frischkäse

❖ **Zutaten:**

1 große Dose Sauerkraut

300 g Räuchertofu

2 Zwiebeln

4 Eier

4 EL Frischkäse, 150 g saure Sahne

2 TL Zitronensaft, 5 EL Olivenöl

1 TL gemahlener Koriander,

½ TL gemahlener Kreuzkümmel

½ TL Currypulver, ½ TL Paprikapulver

2 – 3 Prisen Chillipulver (Schärfe 7 – 8)

½ TL Salz, 3 Prisen Pfeffer, 2 EL frischer Schnittlauch

❖ **Zubereitung:**

Das Sauerkraut gut ausdrücken und klein schneiden. Den Räuchertofu mit einer Gabel zerdrücken. Zwiebeln schälen und in kleine Würfel schneiden. Sauerkraut, Tofu und Zwiebeln in einer Schüssel mischen und die Eier, saure Sahne, Frischkäse, Kreuzkümmel, Koriander, Paprikapulver, Chillipulver und Currypulver zufügen. Mit Salz, Pfeffer und Zitronensaft abschmecken. Bratlinge formen. Eine große Pfanne heiß werden lassen, das Olivenöl hinzu geben und die Bratlinge von beiden Seiten mehrere Minuten anbraten. Schnittlauch in kleine Stifte schneiden und über die Bratlinge streuen.

Schwarzwurzeln mit Joghurt

❖ **Zutaten:**

1 großes Glas fertige Schwarzwurzelstifte

1 Bund Radieschen

3 Knoblauchzehen

3 EL frischen Schnittlauch

200 g Joghurt

100 g flüssige Sahne

2 EL Zitronensaft

1 TL Salz

2 – 3 Prisen Pfeffer

2 Prisen Zimt

½ TL schwarzer gemahlener Sesam

2 EL Olivenöl

❖ **Zubereitung:**

Schwarzwurzeln in einem Sieb abtropfen lassen und zur Seite stellen. Radieschen putzen, waschen und in kleine Würfel schneiden. Knoblauchzehen schälen und zerdrücken.

Den Schnittlauch in kleine Röllchen schneiden. Alles (ohne die Schwarzwurzeln) zusammen mit dem Joghurt, Sahne und Zitronensaft in einer Schüssel verrühren.

Die Masse zusammen mit den Gewürzen verrühren und zugedeckt im Kühlschrank zirka 30 Minuten ziehen lassen. Nach den 30 Minuten das Olivenöl hinzu geben und wieder mischen.

Schnittlauch-Feta-Schnitzel

❖ **Zutaten:**

600 g Fetakäse

4 EL frischen Schnittlauch

1 kleine Zwiebel

4 Eier

4 EL gemahlene Mandeln

1 gehäufter EL Eiweißpulver (neutral)

½ TL Chillipulver

1 TL Paprikapulver (süß)

2 – 3 Prisen Salz

2 – 3 Prisen Pfeffer

1 Prise Zimt

½ TL gemahlener Ingwer

3 EL Olivenöl

❖ **Zubereitung:**

Eier in einer Schüssel mit den Gewürzen (ohne den Schnittlauch) verquirlen. Zwiebel schälen, sehr fein schneiden und zu dem Ei geben. Eiweißmehl und die gemahlenen Mandeln in eine zweite Schüssel geben. Den Fetakäse zuerst im Ei, dann in dem Eiweiß/Mandelmehl wälzen.

Pfanne heiß werden lassen und das Olivenöl hinzu geben. Den Fetakäse in der Pfanne von beiden Seiten vorsichtig goldgelb backen. Mit den Schnittlauchröllchen bestreuen.

Spitzkohl mit Fetakäse und Kräuter

❖ **Zutaten:**

1 Spitzkohl

1 rote Paprika, 1 gelbe Paprika

1 große Dose Tomaten

300 g Fetakäse

3 EL frische Kräuter

3 EL süße Sahne, 3 EL Naturjoghurt

2 EL Zitronensaft

½ TL Chillipulver

1 g Safran (1 g Gewürz passt auf 120 ml Flüssigkeit)

½ TL Currypulver

½ TL gemahlener Kreuzkümmel

½ TL Persisches Blausalz (es geht auch normales Salz)

3 Prisen Pfeffer, 4 EL Olivenöl

❖ **Zubereitung:**

Spitzkohl waschen und in feine Streifen schneiden. Paprikas schälen, Kerngehäuse entfernen und in Würfel schneiden. Tomaten in einem Sieb abtropfen lassen. Fetakäse zerbröckeln. Kräuter klein hacken und zur Seite stellen. Pfanne heiß werden lassen, das Olivenöl hinzu geben. Den Spitzkohl zirka 20 Minuten dünsten, bis er weich ist. Paprika, Tomaten, saure Sahne, Joghurt und den Zitronensaft unterheben und mit den Gewürzen abschmecken. Fetakäse zufügen und vorsichtig ein paar Minuten mitschmoren lassen. Mit den Kräutern bestreuen.

Gurken-Pfanne mit Joghurt

❖ **Zutaten:**

2 Salatgurken

2 Kohlrabis

4 EL Schnittlauch

5 EL saure Sahne, 2 EL Naturjoghurt

200 ml Gemüsebrühe

2 EL Zitronensaft

½ TL schwarzer Sesam

½ TL Chilli, ½ TL Paprikapulver (süß)

½ TL Currypulver

1 TL Salz

1 Prise Zimt

3 Prisen Pfeffer

3 EL Olivenöl

❖ **Zubereitung:**

Von den Kohlrabis die großen Blätter entfernen und die Kohlrabis waschen/schälen, in kleine Würfel schneiden. Die Gurken schälen, Kerne entfernen und in Spalten schneiden. Pfanne heiß werden lassen und das Olivenöl hinzufügen. Die Kohlrabis darin kurz anschwitzen. Gemüsebrühe zufügen, aufkochen lassen und bei schwacher Hitze zirka 15 Minuten köcheln lassen. Schnittlauch in kleine Stifte schneiden. Gurken, Schnittlauch, Sahne, Joghurt und den Zitronensaft zufügen, mit den Gewürzen abschmecken. Weitere 10 Minuten schmoren lassen.

Gemüse-Quark-Auflauf

Zutaten und Zubereitung: Für die Gemüsemischung: 2 große Möhren und ½ Blumenkohl, Möhren und Blumenkohl putzen und klein würfeln. Im Salzwasser (1 TL Salz) zirka 10 Minuten garen.

❖ Zutaten:

Gemüsemischung (wie oben zubereitet)

2 Zwiebeln und 2 Knoblauchzehen

2 Eier

3 EL gemahlene Haselnüsse

150 g geriebener Käse

250 g Speisequark (40%)

4 EL Joghurt, 3 TL Zitronensaft

1 TL Johannisbrotkernmehl

2 EL Butter

2 EL Olivenöl

1 TL Persisches Salz

3 Prisen Pfeffer

3 Prisen Chilli gemahlen

2 EL Minze zerhackt

❖ **Zubereitung:**

Gemüse wie beschrieben zubereiten.

Zwiebeln und Knoblauchzehen schälen und fein hacken. Pfanne heiß werden lassen und das Olivenöl hinzu geben. Zwiebeln, Knoblauch und das Gemüse zufügen.

Alles mit den Gewürzen andünsten.

Die Eier trennen. (Eiweiß zur Seite stellen).

Das Eigelb, Quark, Joghurt, Johannisbrotkernmehl und den Zitronensaft mit einander verrühren.

Eiweiß steif schlagen und vorsichtig unter die Ei-Quarkmasse geben.

Auflaufform mit Butter auspinseln und mit den Haselnüssen bestreuen. Gemüse zufügen, Quarkmischung darauf verteilen und mit Käse bestreuen.

Im vorgeheizten Backofen bei 160 Grad zirka 40 Minuten überbacken. Zirka nach 20 Minuten mit Alufolie abdecken. Die Minze zum Schluss auf der Quarkmischung verteilen.

Auberginen-Türmchen im Backofen

2 Auberginen

2 kleine Möhren

2 Knoblauchzehen

1 kleine Zwiebel

2 Tomaten

350 g Fetakäse

3 EL frische Kräuter

1 Prise Zimt

½ TL Chillipulver

½ TL Ingwerpulver

½ TL schwarzer Sesam

1 TL Salz

3 Prisen Pfeffer

3 EL Olivenöl

2 EL Zitronensaft

❖ **Zubereitung:**

Frische Kräuter waschen, klein hacken und zu Seite stellen. Zwiebel und Knoblauchzehen schälen, Zwiebel klein würfeln und Knoblauch fein hacken.

Möhren waschen, schälen und klein würfeln. Knoblauchzehen schälen und fein hacken.

Tomaten waschen und in dünne Scheiben schneiden. Fetakäse in Scheiben schneiden.

Aubergine waschen und in zirka 2 cm dicke Scheiben schneiden. Auberginen auf ein mit Backpapier ausgelegtes Backblech legen und den fein gehackten Knoblauch darauf verteilen.

Die Gewürze mit Olivenöl und dem Zitronensaft vermischen und darüber träufeln.

Die Tomatenscheiben auf die Auberginen legen und die Kräuter darauf verteilen.

Feta-Scheiben darauf verteilen und im vorgeheizten Backofen bei 170 Grad zirka 20 Minuten überbacken.

Spinat-Curry

❖ Zutaten:

1 großes Glas Schwarzwurzeln

400 g TK-Blattspinat

1 kleine Zwiebel

3 Knoblauchzehen

300 ml flüssige Sahne

2 EL Zitronensaft

½ TL Chillipulver

½ TL Ingwerpulver

½ Paprikapulver (süß)

1 TL Currypulver

1 TL Salz

3 Prisen Pfeffer

3 EL Olivenöl

❖ Zubereitung:

Schwarzwurzeln in einem Sieb abtropfen lassen und zur Seite stellen. Spinat auftauen und in einem Sieb abtropfen lassen. Zwiebel und Knoblauchzehen schälen und fein hacken. Pfanne heiß werden lassen und das Olivenöl hinzu geben. Zwiebel und Knoblauch zufügen, mit Currypulver bestäuben und anschwitzen. Spinat und Schwarzwurzeln zufügen. Mit Sahne und dem Zitronensaft ablöschen und kurz aufkochen lassen. Bei schwacher Hitze zirka 8 Minuten köcheln lassen. Vor dem Servieren mit Salz, Pfeffer, Chilli und Ingwer abschmecken.

Champignons-Pfanne

❖ **Zutaten:**

750 g frische Champignons

4 Stangen Lauch

4 EL gehackte frische Kräuter

200 ml Weißwein

250 ml Sahne

3 EL Zitronensaft

250 g geriebener Käse

½ TL Chillipulver

½ TL Paprikapulver

½ TL Currypulver

1 TL Salz

3 Prisen Pfeffer

3 EL Olivenöl

❖ **Zubereitung:**

Den Lauch waschen, putzen und in dünne Ringe schneiden. Die Kräuter waschen und klein hacken. Die Champignons abbürsten.

Pfanne heiß werden lassen und das Olivenöl hinzu geben. Den Lauch und die Pfifferlinge darin zirka 3 Minuten anbraten. Mit Sahne und Weißwein ablöschen. 2 Minuten aufkochen lassen und bei schwacher Hitze zirka 3 Minuten köcheln lassen. Kräuter, Zitronensaft, Gewürze und den Käse zufügen und unter Rühren so lange köcheln lassen, bis der Käse zerlaufen ist.

Möhren-Joghurt Suppe

❖ **Zutaten:**

1 Zucchini

1 kleine Möhre

1 gelbe Paprika

1 kleine Zwiebel

1 Knoblauchzehe

1 EL Zitronensaft

400 g Joghurt

400 ml Gemüsebrühe

2 Eier

2 EL Olivenöl

½ TL Salz

3 – 4 Prisen Pfeffer

2 EL Kräuter

❖ **Zubereitung:**

Paprika, Möhre, Zucchini putzen, waschen und würfeln. Knoblauchzehe, Zwiebel schälen und sehr klein würfeln. Paprika, Möhre, Zucchini, Zwiebel in Olivenöl andünsten. Zum Schluss den Knoblauch dazu geben. Den Joghurt mit der Brühe und den Eiern im Topf verquirlen und unter ständigem Rühren heiß werden lassen (nicht kochen). Den Topf vom Herd nehmen und mit Salz und Pfeffer abschmecken. Die Joghurtsuppe mit einem Stabmixer aufschäumen und das Gemüse in die Suppe geben, mit den frischen Kräutern bestreuen.

Fleisch

Hähnchenbrust mit Spinat und Schafskäse

❖ **Zutaten:**

300 g Blattspinat, TK-Ware

4 Hähnchenbrustfilets (à 200 g)

Salz und Pfeffer

2 EL Rapsöl

1 kleine Zwiebel

Muskatnuss

120 g Schafskäse (Feta)

❖ **Zubereitung:**

Spinat auftauen lassen. Hähnchenbrustfilets waschen, trocken tupfen und mit Salz und Pfeffer auf beiden Seiten würzen. 1 EL Öl in einer Pfanne erhitzen, Hähnchenfleisch darin von beiden Seiten kurz anbraten. Zwiebel schälen und würfeln.

Das restliche Öl in der Pfanne erhitzen und die Zwiebelwürfel darin andünsten. Spinat dazu geben und darin kurz vor garen, vom Herd nehmen und mit Salz, Pfeffer und Muskatnuss würzen. Hähnchenbrustfilets in eine Auflaufform legen und den Spinat darauf verteilen. Schafskäse zerbröckeln und darüber streuen.

Bei 170 Grad Umluft für circa 25 Minuten backen. Vor dem Servieren kurz abkühlen lassen.

Hähnchenbrustfilet mit Frischkäse

❖ Zutaten:

400 g Hähnchenbrustfilet

4 EL Sonnenblumenöl

1 TL Salz, 3 Prisen Pfeffer

2 mittelgroße Zucchini

1 Paprikaschote

130 ml Sahne

150 g Frischkäse, natur

2 EL Kräuter, tiefgefroren

200 g Gouda, gerieben

❖ Zubereitung:

Das Hähnchenbrustfilet waschen, trocken tupfen und in Streifen schneiden. Öl in einer großen Pfanne erhitzen, Hähnchenstreifen darin kräftig anbraten, danach aus der Pfanne nehmen und mit Salz und Pfeffer würzen.

Die angebratenen Hähnchenstreifen in einer mit Backpapier ausgelegten Auflaufform legen. Zucchini vom Stielansatz befreien, waschen und würfeln. Zucchiniwürfel im Bratensatz anbraten, danach auf die Fleischstreifen verteilen. Paprika entstielen, entkernen, waschen und fein würfeln, mit Sahne, Frischkäse, Salz, Pfeffer und Kräutern vermengen und über die Fleischstreifen verteilen.

Mit geriebenem Käse bestreuen, bei 180 Grad Umluft für zirka 30 Minuten backen.

Hackfleisch Auflauf

❖ **Zutaten:**

2 EL Sonnenblumenöl

500 g Rinderhackfleisch

2 kleine Aubergine

300 g Zucchini

1 rote Paprikaschote

2 EL Giros Gewürz

Salz und Pfeffer

250 g Schafskäse

3 EL Olivenöl

❖ **Zubereitung:**

Öl in einer Pfanne erhitzen und Hackfleisch darin krümelig braten. Aubergine, Zucchini und Paprika entstielen, waschen, würfeln, zum Hackfleisch geben und mit Giros Gewürz, Salz und Pfeffer würzen.

Alles für circa 10 schmoren lassen. Danach in eine Auflaufform geben, mit zerbröckeltem Schafskäse bestreuen und mit etwas Olivenöl beträufeln.

Bei 180 Grad Umluft für zirka 40 Minuten backen.

Hähnchenfilet-Geschnetzeltes

❖ **Zutaten:**

500 g Hähnchenfilet

3 EL Rapsöl

1 EL Currypulver (englisch style)

400 g China Gemüse (TK-Ware)

200 ml Kokosmilch

Salz und Pfeffer

2 EL Zitronensaft

❖ **Zubereitung:**

Hähnchenfilet waschen, trocken tupfen und in Streifen schneiden. Öl in einer großen Pfanne oder Wok erhitzen und die Hähnchenfilet-Streifen darin scharf rundherum braten. Currypulver, untermischen, kurz mit braten. Gemüse dazugeben, unterrühren, bissfest mitbraten lassen und mit Kokosmilch ablöschen. Mit Zitronensaft, Salz und Pfeffer abschmecken.

Putengulasch

❖ **Zutaten:**

600 g Putengulasch

4 EL Rapsöl

2 Gemüsezwiebeln

1 Knoblauchzehe

2 EL Tomatenmark

Salz, Pfeffer

2 TL Paprikapulver, edelsüß

2 TL Currypulver

250 ml Wasser

200 ml Sahne

❖ **Zubereitung:**

Putengulasch waschen, trocken tupfen und mit Öl in einem Topf scharf anbraten. Zwiebeln und Knoblauch schälen, Zwiebeln klein schneiden und Knoblauch pressen.

Zwiebeln und Knoblauch zum Fleisch geben und mit braten. Tomatenmark kurz mit anrösten. Fleisch mit Salz, Pfeffer und Paprikapulver würzen.

Alles zugedeckt kurz schmoren, wenn keine Flüssigkeit mehr vorhanden, dann mit kochendem Wasser aufgießen und für ca. 50 Minuten weiter schmoren lassen.

Sahne unterrühren und nochmals mit Salz und Pfeffer abschmecken.

Rinder-Gulasch

❖ **Zutaten:**

400 g Rindergulasch

300 g Rinder-Hackfleisch

2 Zwiebeln

1 Paprikaschote

1 Möhre

1 Dose Pfirsiche (ohne Zucker)

½ L Tomatensaft

200 ml Fleischbrühe

1 TL Currypulver

½ TL Sambal Oelek

1 TL Salz

½ TL Chilipulver

1 TL Oregano (getrocknet) fürs Hackfleisch

½ TL Chilipulver fürs Hackfleisch

½ TL Currypulver fürs Hackfleisch

½ TL Salz fürs Hackfleisch

1 TL Zitronensaft

1 EL Olivenöl (für den Zitronensaft)

3 EL Olivenöl

❖ **Zubereitung:**

Fleisch in einer sehr hohen Pfanne (für den Backofen) zirka 10 Minuten sanft anbraten.

Zwiebeln, Möhre und Paprika klein würfeln und hinzu geben und zirka 10 Minuten auf kleiner Stufe anbraten. Mehrmals umrühren. Brathitze auf kleinste Stufe stellen. Mit Currypulver, Salz, Chilipulver, Oregano würzen.

Das Hackfleisch würzen und kleine Bällchen formen (gehäufter EL). Die Bällchen auf das Fleisch schichten. Pfirsiche vierteln und ohne Saft darauf legen. Sambal Olek, mit dem Zitronensaft, Tomatensaft, Fleischbrühe und dem 1 EL Olivenöl vermischen und über die Fleisch/Pfirsich-Masse geben.

Topfdeckel auflegen (oder mit Alufolie abdecken) und ohne zu rühren für zirka 2 Stunden bei 180 Grad in den Backofen geben. Probieren Sie dann ein Stück Fleisch. Wenn das Fleisch gar ist, erst dann alles unterheben.

Rinder-Hackbraten

❖ **Zutaten:**

700 g Rinderhackfleisch

2 Zwiebeln, 2 Knoblauchzehen

1 Möhre

2 EL Rosinen, 3 EL Pinienkerne

250 gemahlene Mandeln

2 Eier

2 EL gehackte, frische Minze

1 TL Currypulver, 1 TL Paprikapulver

1 TL Salz, ½ TL Pfeffer

2 EL Olivenöl, 2 EL Sahne

❖ **Zubereitung:**

Rosinen 30 Minuten in heißem Wasser einweichen (Rosinen sollen mit Wasser bedeckt sein).

Pinienkerne ohne Fett in einer Pfanne ein paar Minuten anrösten, bis sie duften und sich hellbraun färben. Das Hackfleisch, Pinienkerne, Minze, Sahne und die gemahlenen Mandeln in eine große Schüssel geben.

Küchenfertige Möhre und Zwiebeln klein würfeln, Knoblauch pressen und zu der Hackfleischmasse geben. Die Rosinen abtropfen lassen und mit den Eiern und den Gewürzen zum Hackfleisch geben und zu einem Hackbraten formen. Anschließend in eine gefettete Auflaufform geben und im Backofen bei 180 Grad zirka 60 – 70 Minuten garen.

Hackfleischbällchen

❖ **Zutaten:**

500 g gemischtes Hackfleisch

1 Zwiebel, 1 Knoblauchzehe

1 Paprika

1 Möhre

1 TL Salz, ½ TL Pfeffer, 1 TL Curry

½ TL Chillipulver, 1 TL Oregano

1 TL Tomatenmark, 1 TL scharfen Senf

2 Eier

3 EL Olivenöl

❖ **Zubereitung:**

Zwiebel, Knoblauch, Paprika und die Möhre in kleine Würfel schneiden. Eine große Schüssel nehmen und alle Zutaten hinein geben. Mit nassen Händen Tennisball große Fleischklopse formen. Auf einen Teller bereit legen. Pfanne heiß werden lassen und das Öl hinein geben. Die kleinen Fleischklopse auf jeder Seite zirka 6 Minuten braten. Fertig.

Tipp: Sie könnten die Klopse auch in einer Gemüsebrühe garen. Die Brühe darf nicht kochen. Die Klopse brauchen in der Brühe zirka 15 Minuten.

Wenn Sie einige Klopse einfrieren möchten, legen Sie die Klopse bitte nur nebeneinander zum Einfrieren.

Panierte Schweine-Schnitzel

❖ Zutaten:

500 – 600 g Schnitzelfleisch

3 Eier

200 g gemahlene Mandeln

1 TL Salz, ½ TL Pfeffer

½ TL Curry

1 TL Paprikapulver (süß)

1 TL Knoblauchpulver

6 – 8 EL Sonnenblumenöl

❖ Zubereitung:

Wenn Sie Fleisch am Stück gekauft haben, schneiden Sie dünne Schnitzel daraus. Zerteilen Sie die Schnitzel in Minischnitzel.

Stellen Sie zwei Schüsseln bereit. In die eine Schüssel geben Sie die gemahlenen Mandeln. In die andere Schüssel geben Sie die Eier und die Gewürze und schlagen mit einer Gabel oder einem Schneebesen die Eimasse schaumig.

Die kleinen Schnitzel zuerst in die Eimasse geben und dann mit den gemahlenen Mandeln panieren. Eine Pfanne heiß werden lassen und das Öl hinzu geben (Zuerst nur drei EL Öl). Die kleinen Schnitzel vorsichtig in die Pfanne legen. Auf mittlerer Stufe die Schnitzel auf jeder Seite zirka 6 Minuten braten. Vorsichtig wenden. Nehmen Sie einen großen Teller und belegen Sie ihn mit Haushaltspapier. Diese Papiertücher (von der Rolle) saugen viel Fett auf. Darauf geben Sie die fertigen Schnitzel.

Tipp: Die Schnitzel halten sich 3 Tage im Kühlschrank, man kann sie auch einfrieren. Sie können auch Rouladenfleisch (vom Schwein) kaufen, die sind schon dünn geschnitten. Aus jeder Roulade schneiden Sie 3 – 4 kleine Schnitzel.

Für den nächsten Tag können Sie folgendes Gericht zaubern:

Nehmen Sie ein Backblech und geben Sie darauf etwas Sahne. Legen Sie die fertig gebratenen Schnitzel auf die Sahne. Sie können Ananasscheiben aus der Dose (es gibt sie auch ohne Zucker) auf die Schnitzel geben und darauf eine Scheibe Käse legen. Oder Sie belegen die Schnitzel mit Tomatenscheiben und Käse.

Sie können auch Gemüse aus der Dose über die Schnitzel geben und darauf den Käse. Mit Pilzen aus der Dose und noch etwas Sahne über die Schnitzel schmecken sie wie Jägerschnitzel.

Hähnchen

❖ **Zutaten:**

1 Hähnchen

1 TL Salz

½ TL Pfeffer

½ TL Currypulver

2 TL Paprikapulver (süß)

4 – 6 EL Essig

3 EL Öl

❖ **Zubereitung:**

Legen Sie das Hähnchen „mit dem Rücken nach unten" in ein hohes Backblech ohne Öl. Würzen Sie das Geflügel mit Salz und Pfeffer und dem Curry. Paprikapulver immer erst am Ende der Garzeit, es wird sonst bitter.

Geben Sie den Essig über das Fleisch und garen Sie es im Backofen bei 180 Grad eine Stunde. Nach dieser Stunde drehen Sie das Hähnchen dann um und schalten den Backofen auf 220 Grad. Geben Sie das Öl darüber und lassen es 15 - 20 Minuten bräunen. Wenn Sie das Geflügel heraus genommen haben, mit Paprika würzen.

Tipp: Für das nächste Gericht entfernen Sie das Fleisch von den Knochen und schneiden es in kleine Stücke. Diese Stücke können Sie so am nächsten Tag mitnehmen.

Oder Sie bereiten aus den Fleischstückchen einen Geflügelsalat zu.

Dazu brauchen Sie: Majonnaise (wenig Kohlenhydrate: bis zu 5 KH auf 100 g). Nehmen Sie 3 – 4 EL Majo - es kommt auf die Menge des Fleisches an. 1 Glas Essiggurken (bis zu 5 KH auf 100 g), 4 – 6 hart gekochte Eier, 1 Paprika (klein schneiden), 100 ml Sahne (oder Milch), etwas Salz und Pfeffer. Alles klein schneiden und zusammen mischen. Der Geflügelsalat hält sich im Kühlschrank bis zu drei Tagen. Dazu passt jedes Low Carb Brot.

Sie können aber auch am nächsten Tag das Fleisch (in Scheiben geschnitten) auf ein Backblech legen.

Vorher etwas Sahne auf das Backblech träufeln. Etwas Sahne oder 2 EL Öl auf das Fleisch geben und leicht würzen mit Salz, Pfeffer, Curry. Tomatenscheiben darauf legen, vielleicht auch etwas Ananas aus der Dose (ohne Zucker) und mit Käse überbacken.

Wenn Sie noch gegartes Gemüse (oder aus der Dose/Glas) übrig haben, können Sie dieses zu dem Fleisch auf das Backblech geben. Das Ganze dann bei 180 Grad zirka 25 Minuten backen.

Fisch, Austern, Garnelen, Muscheln

Überbackene Austern

❖ **Zutaten:**

18 Austern

3 Becher Crème double

1 TL Rosmarin

2 TL Estragon

2 EL Zitronensaft

❖ **Zubereitung:**

Die Austern öffnen, den Austernsaft in der Schale belassen und die Austern in der Schale auf ein Backblech (mit Backpapier auslegen) legen.

Creme double mit dem Estragon und Rosmarin mischen und auf den Austern verteilen.

Im vorgeheizten Backofen 15 – 20 Minuten auf 220 Grad backen, bis die Creme goldbraun ist. Mit dem Zitronensaft beträufeln.

Austern mit Ei und Zitrone

❖ **Zutaten:**

6 hartgekochte Eier

1 Dose geräucherte Austern

2 Stangen Lauch

100 g Mayonnaise

½ TL Basilikum

2 EL Worcestersoße

2 Zitronen

½ TL Salz, 1/3 TL Pfeffer

3 – 4 EL Olivenöl

❖ **Zubereitung:**

Die Eier in Scheiben schneiden und den Lauch in feine Streifen schneiden.

Die Pfanne heiß werden lassen und den Lauch 2 Minuten im heißen Olivenöl anschwitzen. Die geräucherten Austern gut abtropfen lassen. Die Mayonnaise mit dem Saft von einer Zitrone verrühren und mit den Gewürzen abschmecken. Die Eier und den Lauch unterheben. (4 Scheiben Eier zum Garnieren aufheben.)

Zum Schluss die geräucherten Austern sehr vorsichtig unterheben und den Salat vor dem Servieren 2 Stunden im Kühlschrank durchziehen lassen. Die zweite Zitrone in dünne Scheiben schneiden und auf dem Salat mit den 4 Scheiben Eiern garnieren.

Lachs Zitronen Spieße

❖ **Zutaten:**

600 g Lachsfilet (Mittelstück ohne Haut)

2 unbehandelte Zitronen

6 Lorbeerblätter

3 - 4 EL Zitronensaft

1 TL Salz

½ TL Pfeffer

6 Holzspieße

Öl für die Alufolie

Alufolie

❖ **Zubereitung:**

Lachsfilet in grobe Würfel schneiden. Zitronen waschen und in dünne Spalten schneiden.

Lachs, Zitronenspalten und Lorbeer auf Spieße stecken. Mit Zitronensaft beträufeln und mit Salz und Pfeffer würzen. Spieße auf geölte Alufolie legen und auf dem heißen Grill 10 – 15 Minuten grillen. Öfters wenden.

Riesengarnelen in Wein

❖ **Zutaten:**

8 Riesengarnelen (tiefgefroren, roh)

1 Liter Gemüsebrühe (oder Fleischbrühe, Fischbrühe)

1 - 2 TL Salz, ½ TL Pfeffer, ½ TL Süßstoff

¼ Liter Weißwein

1 EL Johannisbrotkernmehl (bekommen Sie im Reformhaus)

12 Broccoli-Röschen (fertig garen - zirka 15 Minuten)

❖ **Zubereitung:**

Garnelen auftauen lassen, schälen und den Darm entfernen. Die Garnelen am Rücken entlang einschneiden.

Die Brühe in einem Topf zum Kochen bringen und die Garnelen einlegen. 4 - 5 Minuten kochen lassen und wieder heraus nehmen. Das Salz, den Süßstoff (nur ein paar wenige Spritzer) und den Wein in die Brühe geben. Das Johannisbrotkernmehl mit wenig Wasser anrühren und unter Rühren in die kochende Brühe geben.

Die Soße einmal aufkochen lassen. Die Garnelen nochmals 1 - 2 Minuten in der Soße erhitzen.

In einem tiefen Teller anrichten und mit den Broccoli-Röschen garnieren.

Gebackener Fisch mit Kokosnuss

❖ **Zutaten:**

600 g Fischfilet

150 g getrocknete Kokosnuss (gemahlen)

200 ml Sahne

100 ml Naturjoghurt

1 EL Zitronensaft

1 EL Orangensaft

½ TL Salz

½ TL Pfeffer

1 Prise Cayennepfeffer

3 EL Öl

❖ **Zubereitung:**

Die Sahne mit dem Joghurt und den Kokosnussflocken mischen und 10 Minuten kochen (dann erkalten lassen).

Das Fischfilet mit dem Zitronen/Orangen-Saft beträufeln und mit den Gewürzen einreiben.

In eine flache Form legen, die mit Butter ausgestrichen ist. Mit der Sahne/Joghurt-Mischung bedecken und im Ofen 40 – 45 Minuten backen.

Garnelencocktail mit Meerrettich

❖ **Zutaten:**

1 kg Spargel

200 g geschälte TK-Riesengarnelen

1 reife Papaya

1 kleiner Bund Schnittlauch

2 TL geriebener Meerrettich

½ TL Salz, 1 Prise Pfeffer

2 EL Butter

150 Gramm saure Sahne, 1 EL Tomatenmark

3 EL Zitronensaft, 2 EL Orangensaft, 3 EL Öl

❖ **Zubereitung:**

Spargel und Butter in kochendem Salzwasser etwa 9 - 11 Minuten kochen lassen. Herausnehmen, abtropfen und abkühlen lassen. Spargelwasser NICHT abschütten.

Garnelen im kochenden Spargelwasser kurz erhitzen und mit einem Sieb abgießen. Papaya schälen und entkernen, Kerne beiseite stellen. Das Fruchtfleisch in dünne Scheiben schneiden.

Schnittlauch klein schneiden. Saure Sahne, Tomatenmark, Zitronen- und Orangensaft mit Salz, Pfeffer und Meerrettich abschmecken. Öl und etwas Schnittlauch (die Hälfte zur Seite legen) unterrühren. Spargelstangen in etwa 4 cm lange Stücke schneiden, mit Papayascheiben und den Garnelen mischen und auf Tellern anrichten.

Mit der Soße beträufeln und mit den Papayakernen und dem restlichen Schnittlauch garnieren.

Jakobsmuscheln mit Safransoße

Zutaten:

8 frische Jakobsmuscheln

2 reife Avocados

1 Chicoree

1 rote Chilischote

1 große Orange (Schale reiben)

1 Zitrone (Schale reiben)

0,2 g Safranfäden

3 EL Butter

1 Becher Créme fraiche

1 Bund frische Kräuter

½ TL Pfeffer

½ TL Salz

1 EL Olivenöl

6 EL warmes Wasser

❖ **Zubereitung:**

Die Jakobsmuscheln waschen und auf Küchenpapier gut abtropfen lassen. Die Safranfäden in einer Tasse mit sehr warmem Wasser auflösen, mit Salz und Pfeffer und der Creme fraiche vermischen. Chilischote sehr fein schneiden.

Avocados schälen, dünne Streifen schneiden und etwas Zitronensaft darüber geben. Chicoree waschen und pro Portion drei Blätter auf den Tellern mit den Avocadoscheiben anrichten.

Orangen schälen und filetieren, mit Salz, Pfeffer, Öl, geriebener Schale der Zitrone und mit der kleingeschnittenen Chilischote marinieren.

Pfanne heiß werden lassen und die Butter dazugeben. Die gepfefferten Jakobsmuscheln von jeder Seite 2 Minuten braten und danach von jeder Seite nochmals würzen.

Die Soße auf dem Salat verteilen, Orangenfilets und gebratene Jakobsmuscheln darauf setzen und mit frischen Kräutern anrichten.

Fischfilet mit Vanille

❖ **Zutaten:**

600 g Zander (filetiert)

1 kleiner Eisbergsalat

6 Cocktailtomaten

200 g Butter

1 Vanilleschote

½ TL Salz

1 Prise Cayennepfeffer

½ TL Pfeffer

2 EL Zitronensaft

❖ **Zubereitung:**

Pfanne heiß werden lassen und die Butter zerlassen. Vanilleschote auskratzen und zusammen mit der Schote zu der Butter geben. Kurz aufschäumen lassen.

Eine hohe Backform mit der Hälfte der Buttermasse einpinseln. Fisch hinein geben. Den Rest der Buttermasse darüber geben.

Im Backofen bei 160 Grad 35 – 45 Minuten garen.

2 Teller anrichten mit den Salatblättern. Darauf legen Sie den gegarten Fisch und die halbierten Cocktailtomaten.

Anschließend mit den Gewürzen und dem Zitronensaft abschmecken.

Kabeljau mit Schafskäse

❖ **Zutaten:**

600 g Kabeljau

1 kleine Zwiebel

2 Knoblauchzehen

2 EL Rapsöl

1 Dose Tomaten (400 g), stückig

Salz, Pfeffer, Majoran, Rosmarin

Olivenöl

Saft von ½ halben kleinen Zitrone

200 g Schafskäse (Feta)

50 g schwarze Oliven, entsteint

frisches Basilikum

❖ **Zubereitung:**

Zwiebeln und Knoblauch schälen, Zwiebel würfeln, Knoblauch fein hacken oder pressen. Zwiebeln und Knoblauch in 1 EL Öl glasig dünsten, Tomaten hinzufügen und köcheln lassen, bis die Masse leicht dickt. Gelegentlich umrühren. Mit den getrockneten Kräutern, Salz und Pfeffer würzen.

Fischfilet abspülen, trocken tupfen und in circa 2 cm große Stücke schneiden. Mit Zitronensaft und Olivenöl beträufeln, danach in die leicht köchelnde Tomatenmasse geben. Schafskäse klein würfeln und darüber streuen. Das Gericht für weitere 10 Minuten garen. Währenddessen Basilikum waschen, trocken schütteln und hacken. Oliven ebenfalls hacken. Oliven und Basilikum zur Fischsoße geben und servieren.

Fischfilet mit Gemüse

❖ **Zutaten:**

600 g Fischfilet

200 g Sellerieknolle

300 g Möhren

1 EL Rapsöl

125 ml Gemüsebrühe

1 kleine Stange Porree, Salz

2 Tomaten

½ kleiner Bund Schnittlauch

4 EL Schlagsahne

1 TL Johannisbrotkernmehl (pflanzliches Bindemittel)

2 TL Meerrettich

Alufolie

Salz und Pfeffer

❖ Zubereitung:

Möhren und Sellerie schälen, waschen und in schmale Streifen schneiden.

Öl in einem Bratentopf erhitzen, Möhren- und Selleriestreifen darin andünsten. Mit Gemüsebrühe aufgießen zugedeckt für ca. fünf Minuten dünsten.

Währenddessen Lauch putzen, waschen, ebenfalls in Streifen schneiden und hinzufügen. Mit etwas Salz würzen. Tomaten mit heißem Wasser überbrühen, abziehen, entkernen und in Würfel schneiden. Schnittlauch waschen, trocken schütteln und in Röllchen schneiden. Die Hälfte der Tomaten und die Hälfte vom Schnittlauch zum Gemüse geben. Johannisbrotkernmehl unterrühren, danach die Sahne zugeben und kurz erhitzen. Meerrettich untermischen.

Fischfilet abspülen, trocken tupfen und in 2 Stücke schneiden.

2 große Stücke Alufolie ausbreiten und das Gemüse darauf verteilen. Mit den Fischfilets belegen und mit Salz und Pfeffer würzen. Die Alufolie schließen und die Päckchen auf einem Backblech im Backofen 15 Minuten bei 180 Grad Umluft im vorgeheizten Backofen garen.

Die Päckchen kurz öffnen, mit den restlichen Tomaten und Schnittlauch bestreuen, wieder verschließen und servieren.

Gemüse Smoothies mit Infos

Welchen Mixer sollte man nehmen?

Die Leistung spielt beim Smoothie-Mixer eine ganz wichtige Rolle. Wichtig sind die Watt-Angaben und die Umdrehungszahlen pro Minute.

Man benötigt einen Mixer mit einer hohen Motorleistung und hohen Drehzahlen. Nur so können beim Mixen von Smoothies die faserreichen Zutaten gut zerkleinert werden.

Für die Leistungsfähigkeit ist auch die Drehzahl wichtig. Die vom Hersteller angegebenen Werte sind oft unterschiedlich. Konkret heißt das, dass viele Angaben lediglich theoretische Drehzahlen im Leerzustand beschreiben – das heißt ohne Gemüse, Früchte oder Blattgrün.

Die "Drehzahl unter Belastung" ist entscheidender sowie auch die maximal mögliche Laufzeit des Motors. Eigentlich dreht sich beim Mixer alles um die Kraft. Bei reinen Gemüse- oder Obst-Smoothies ist dies für gewöhnliche Standmixer keine große Herausforderung. Der Mixer wird nur herausgefordert bei grünen Smoothies, wenn das Ziel "das Aufbrechen der Zellulosewände der Pflanzenzellen" ist.

In diesen Zellen befinden sich die höchsten Vitalstoffkonzentrationen.

Die Mehrheit im Netz gibt an, dass ab einer Geschwindigkeit von zirka 25.000 Umdrehungen pro Minute ein gutes Ergebnis erzielt wird.

Man sollte sich nicht vom Marketing der Hersteller verunsichern lassen, schließlich ernährt sich die Menschheit schon sehr lange von Pflanzen und kam dabei auch ohne 25.000 Umdrehungen im Mund aus.

Auch das Messer eines Mixers ist wichtig. Die Qualität und Beschaffenheit ist wichtig!

Und auch noch wichtig ist, dass sich Mixer und Mix-Behälter leicht reinigen lassen und weder Geschmack noch die Farbe der Lebensmittel annehmen.

Der richtige Smoothie-Mixer sollte ein Hochleistungsmixer sein. Wer aber keine 200 – 500 Euro ausgeben möchte, sollte die Zutaten einfach besonders klein schneiden und länger mixen. Je länger gemixt wird, desto besser schmeckt der Smoothie

Spinat-Smoothie

❖ **Zutaten:**

400 g frischer Blattspinat

1 kleine Banane

200 ml frisch gepressten Orangensaft

300 ml Wasser

3 EL gemahlene Mandeln

❖ **Zubereitung:**

Banane schälen und klein würfeln. Den Spinat waschen und klein schneiden.

Die Banane, den Spinat und alle anderen Zutaten in den Mixer geben und pürieren.

Spinat- Erdbeere- Avocado-Smoothie

❖ **Zutaten:**

2 Hand voll Spinatblätter

200 g gefrorene Erdbeeren

1 reife Avocado

2 EL Kakaopulver (ohne Zucker)

1 EL Streusüße

1 Vanilleschote

1 EL geriebene dunkle Schokolade (75%)

❖ **Zubereitung:**

Den Spinat waschen und grob hacken.

Die Avocado waschen und die Frucht längs rundum mit einem Messer einschneiden.

Beide Avocado-Hälften gegeneinanderdrücken und drehen, sodass sich eine Hälfte vom Samen ablöst. Den Samen vorsichtig mithilfe eines Messers herauslösen. Das Fruchtfleisch in den Mixer geben.

Alle Zutaten (NICHT die dunkle Schoko) in den Mixer geben und gut durchmixen.

In hohe Gläser füllen und mit der dunklen Schokolade bestreuen.

Spinat- Zitronen-Smoothie

❖ Zutaten:

1 Avocado

3 Hand voll frischen Spinat

3 EL frische Petersilie

250 g gefrorene Beeren

(egal welche Beeren Sie nehmen)

Saft von 2 Zitronen

2 – 3 EL Streusüße

250 ml Wasser

1 Tasse Eiswürfel

❖ Zubereitung:

Avocado zubereiten wie: siehe Seite 12.

Spinat waschen und grob zerkleinern. Zitronen auspressen und alle Zutaten (ohne Eiswürfel) in den Mixer geben. In hohen Gläsern mit Eiswürfeln servieren.

Petersilien- Kiwi-Smoothie

❖ **Zutaten:**

2 Hand voll frische Petersilie

2 Kiwis

2 Hand voll frischer Spinat

10 Blätter frische Minze

(davon 3 Blätter für die Deko)

250 ml Wasser

1 Tasse Eiswürfel

❖ **Zubereitung:**

Petersilie waschen und grob hacken. Kiwis schälen und grob in Würfel schneiden. Spinat waschen und grob hacken. Alle Zutaten (ohne Eiswürfel) in den Mixer geben und gut durchmixen.

In hohe Gläser geben, und mit Eiswürfeln mischen und je ein Blatt Minze oben drauf setzen und servieren.

Joghurt-Smoothie

❖ **Zutaten:**

250 g Naturjoghurt

Saft von 3 Limetten

10 Minze-Blätter (3 davon für die Deko)

2 Hand voll frischen Blattspinat

3 EL Streusüße

2 Prisen Salz

1 Tasse Eiswürfel

❖ **Zubereitung:**

Limetten ausdrücken und den Saft in den Mixer geben. Minze-Blätter waschen, Blattspinat waschen und mit den restlichen Zutaten (ohne Eiswürfel) in den Mixer geben. Alles gut durchmixen, in hohe Gläser geben und jedes Glas mit einem Blatt Minze und Eiswürfeln servieren.

Mangold- Fenchel-Smoothie

❖ **Zutaten:**

½ Fenchel

8 Blätter Mangold

1 kleine Banane

4 Datteln

2 EL Zitronensaft

2 EL Streusüße

300 ml Wasser

❖ **Zubereitung:**

Fenchel und den Mangold waschen und grob hacken. Banane schälen und in kleine Stücke schneiden.

Alle Zutaten in den Mixer geben und gut durchmixen.

Spinat- Möhren-Smoothie

❖ Zutaten:

3 Hand voll frischen Blattspinat

2 kleine Möhren

1 Banane

300 ml Mandelmilch (ungesüßt)

2 EL Zitronensaft

2 EL Streusüße

250 ml Wasser

2 EL Leinöl

❖ Zubereitung:

Blattspinat waschen und grob hacken. Möhren waschen, schälen und in kleine Stücke schneiden. Banane schälen und in kleine Stücke schneiden. Alle Zutaten in den Mixer geben und durchmixen. In hohe Gläser füllen und servieren.

Gurke- Möhre- Spinat-Smoothie

❖ **Zutaten:**

1 Salatgurke

1 kleine Möhre

2 Hand voll frischen Spinat

2 Äpfel

2 EL gemahlene Mandeln

2 EL Zitronensaft

300 ml Wasser

2 EL Streusüße

❖ **Zubereitung:**

Salatgurke waschen und grob zerkleinern. Möhre waschen, schälen und grob zerkleinern. Spinat waschen und grob zerkleinern. Die Äpfel waschen, Kerngehäuse entfernen und grob zerkleinern. Alle Zutaten in den Mixer geben und gut durchmixen. In hohen Gläsern servieren.

Brokkoli-Smoothie

❖ Zutaten:

1 Brokkoli

2 Hand voll frischen Blattspinat

1 kleine Banane

1 Apfel

300 ml Buttermilch

250 ml Wasser

2 EL Zitronensaft

2 EL Streusüße

❖ Zubereitung:

Brokkoli waschen und grob zerkleinern. Spinat waschen und grob zerkleinern. Banane schälen und grob zerkleinern. Apfel waschen, schälen und das Kerngehäuse entfernen, grob zerkleinern. Alle Zutaten in den Mixer geben und gut durchmixen. In hohen Gläsern servieren.

Sonstiges

Das Eiweißpulver

Eiweißpulver (Proteinpulver) als Mehlersatz

Das Eiweißpulver ist das Multitalent der kohlenhydratreduzierten Küche. Backen und Kochen ist die Leidenschaft von Jutta Schütz. Vor allem hat es der Autorin die gesunde Low Carb Küche angetan und die Entwicklung immer neuer Backrezepte mit Eiweißpulver.

Eiweißpulver als Mehlersatz wird immer beliebter in der Low Carb Ernährung, das Pulver hat je nach Firma einen Kohlenhydratwert von zirka 0,8 bis 5,0 pro 100 g.

Das Eiweißpulver wird von Sportlern „eigentlich" für den Muskelaufbau benutzt, es eignet sich aber auch sehr gut zum Backen und Kochen in einer kohlenhydratarmen Ernährung.

Man bekommt dieses Pulver in allen möglichen Geschmacksrichtungen (auch mit neutralem Geschmack) und kaufen kann man es in Sportgeschäften, Bodybuilder Shops, großen Supermärkten und Reformhäusern.

Wer mehr Infos über das Eiweißpulver erfahren möchte, gibt dieses Wort einfach als Suchfunktionswort ein.

Johannisbrotkernmehl

Johannisbrotkernmehl wird aus dem gemahlenen Samen des Johannisbrotbaumes gewonnen. Diese Pflanze wächst hauptsächlich in den Mittelmeerländern. Die getrockneten Früchte des Strauches sind das Johannisbrot, die geschälten Kerne (Samen) dienen zur Herstellung des Johannisbrotkernmehls.

Das Johannisbrotkernmehl ist in heißem Wasser löslich. In kaltem Wasser bildet es Gele. Daher wird es als Verdickungsmittel und Stabilisator eingesetzt. Johannisbrotkernmehl wird oft in der Low Carb Ernährung benutzt wie z. B. für Soßen, Marmeladen, Gelees, Speiseeis, Backwaren, Obst- und Gemüsekonserven.

Johannisbrotkernmehl wirkt als Ballaststoff und gilt als unbedenklich. Ein übermäßiger Verzehr kann abführend wirken und in Einzelfällen kann Johannisbrotkernmehl Allergien auslösen. Z. B. bei Soja-Allergikern kann es unter Umständen zu Kreuzallergien mit diesem Zusatzstoff kommen.

Das Johannisbrotkernmehl gibt es in Supermärkten oder Reformhäusern und Bioläden zu kaufen. Johannisbrotkernmehl ist Gluten frei, geschmacksneutral, und frei von verwertbaren Kohlenhydraten.

Es ist ohne Anrechnung von BE (Broteinheiten) zu verwenden.

1 g = ½ Teelöffel = 1 Portion Johannisbrotkernmehl reicht für zirka 100 ml Soße oder kalte Flüssigkeit bzw.

200 ml Suppe oder Speisen, die nur wenig gebunden werden müssen. Kurz: Johannisbrotkernmehl ist ein natürliches Binde- und Verdickungsmittel - als Alternative zu Mehl und Eigelb.

Natürliches Glutamat herstellen

❖ Zutaten:

1 ½ große Zwiebeln

½ Knolle Knoblauch

250g Karotten

175g Lauch

250g Tomaten

1 ½ Knollen Sellerie

1 Bund Petersilie

1 Bund Liebstöckel

60g Meersalz

❖ Zubereitung:

Den Backofen auf 90 Grad vorheizen. Karotten, Lauch, Sellerie, Zwiebeln schälen und putzen. Dann in gleichmäßige Stücke schneiden. Tomaten vom Stielansatz befreien und klein würfeln. Den Knoblauch häuten und klein pressen. Petersilie und Liebstöckel fein hacken. Alles in einer Schüssel gleichmäßig vermengen und auf das Backblech verteilen.

Bei 90 Grad zirka sechs Stunden im Ofen trocknen lassen.

Nicht zu viel Gemüse auf einmal auf das Blech legen – so kann es gleichmäßiger und schneller trocknen.

Im Anschluss die Trockenmasse in einen Mixer geben und fein mahlen. In einem verschlossenen Gefäß ist das Glutamat bis zu zwölf Wochen haltbar!

Zum Würzen benötigt man nur zirka 1 TL Pulver - für etwa 150 ml Flüssigkeit.

Was sind Kohlenhydrate?

Ein Chemiker würde diese Kohlenhydrate „Zucker" nennen. Und Zucker ist Glukose.

Kohlenhydrate sind enthalten in:

Zucker, Mehl, Kartoffeln, Reis, Mais (Brot, Nudeln etc.). Hülsenfrüchte: Die Kohlenhydrate liegen im mittleren Bereich. In Obst je nach Süße und Gemüse (kein Mais) zum Teil gute Kohlenhydrate. Nüsse, Milchprodukte, Käse, Eier haben wenige Kohlenhydrate.

Fleisch, Fisch, Fett und Öle haben keine Kohlenhydrate.

Beispiele: Pro 100 g

Zucker 100	Fruchtzucker100
Cornflakes 85	Haferflocken 85
Knäckebrot 75	Zwieback 75
Brötchen 50	Vollkornbrot 50
Weizenstärkemehl 85	Reisstärkemehl 85
Kartoffelmehl 75	Kartoffeln 25
Kartoffel-Püree 75	Kartoffel-Frites 35
Reis 25	Nudeln 25
Banane frisch 21,4	Himbeeren frisch 04,8
Mandarinen frisch 10,1	Rhabarber frisch 01,4
Apfel geschält 12,4	Blattspinat frisch 00,6
Blumenkohl gegart 01,6	Broccoli gegart 01,9
Erbsen grün gegart 12,6	Spargel 01,6
Zuckermais 15,7	

Der Glykämische Index

Der Glykämische Index wird zur Bestimmung eines kohlenhydrathaltigen Lebensmittels verwendet, das den Blutzuckerspiegel ansteigen lässt. Je mehr Kohlenhydrate gegessen werden, desto schneller steigt der Blutzuckerspiegel.

Das heißt:

Kohlenhydrathaltige Lebensmittel haben einen hohen glykämischen Index, Lebensmittel mit geringfügigen Kohlenhydraten (z. B. wie Gemüse) einen niedrigen glykämischen Index.

GI größer als   70 =   schlecht

GI zwischen   50 und 70 =   mittel

GI kleiner als   50 =   gut

Ein hoher GI führt zu einem hohen Anstieg des Blutzuckerspiegels, was dann zu einer hohen Ausschüttung von Insulin führt. Dadurch gibt es eine Steigerung der Aufnahme von Glukose in Muskel- und Fettzellen. Es kommt zu einer Fettspeicherung.

Nach 2 – 4 Stunden kommt es zu einer Unterversorgung mit Energieträgern im Blut, was wir eine Unterzuckerung nennen. Es kommt zu einem Teufelskreis, denn wir haben wieder Hunger. Wir haben Appetit auf kohlenhydratreiche Lebensmittel.

Der starke Abfall des Blutzuckerspiegels bei Lebensmitteln mit hohem GI kann zu Veränderungen im Verdauungsprozess führen sowie zu einem vermehrten Hungergefühl.

Bei übergewichtigen Menschen funktioniert der Kohlenhydratstoffwechsel viel langsamer, aber man kann die Ernährung gut darauf einstellen.

Was bedeutet Ketose?

In Ketose kommt man durch andauernden Hungerzustand oder bei einer unzureichenden Zufuhr von Kohlenhydraten. Es kommt hierbei auch zu Mundgeruch oder Körpergeruch. Der Geruch kann in diesem Fall einen charakteristischen fruchtigen Keton-Geruch aufweisen.

Die Ketone werden von allen Geweben (Muskulatur, Gehirn) als Energielieferant verwendet.

Zum Beispiel wird bei der Atkins-Diät (ketogene Diät) eine Ketose zur Gewichtsreduzierung angestrebt. Die Keton-Körper können die Blut-Hirn-Schranke passieren und dort als Energiequelle zu Glukose werden.

Der Übergang des Stoffwechsels in die Ketose kann von Müdigkeit und Kopfschmerzen begleitet sein. Die vergehen nach wenigen Tagen wieder.

Bei Diabetes mellitus Typ 1 (Insulinmangel) kann es zu einer schweren Ketose bis hin zur Ketoazidose kommen.

Der Körper nutzt die Kohlenhydrate, um sie in Energie zu verwandeln. Wenn die Nahrung keine Kohlenhydrate enthält, ist das nicht möglich. Also wird der Stoffwechsel umgestellt auf Fettverwertung. Dabei werden Fettsäuren verwandelt.

Ketone entstehen bei jeder Diät, sobald der Körper auf Hungerstoffwechsel umschaltet - erkennbar beim Mundgeruch als Folge des Stoffwechsel-Produktes.

Keton-Körper im Blut sollen appetithemmend wirken. Die Atkins-Anhänger bezeichnen sich auch als Ketarier

Natürliche Aromen –
die Lüge des Jahrhunderts

Industriell verarbeitete Lebensmittel enthalten viele Zusatzstoffe. Diese Substanzen sollen die Eigenschaften von Lebensmitteln verbessern, sie z. B. süßen, färben oder konservieren.

Im 19. Jahrhundert wurde das Gemüse noch mit Kupfer gefärbt, heute sorgen moderne Mittel für wilde Panschereien. Die Technik macht es möglich, die Politik lässt es zu. Aromen werden aus verschiedenen Quellen gewonnen, alle mehr oder weniger natürlich.

Z. B. das Erdbeer-Aroma, das aus Holz gewonnen wird, ist natürlich, denn der Baum an sich ist Natur. „Natürlich" bedeutet also, dass es aus einem natürlichen Rohstoff „also Holz" gewonnen wird und nicht von Beeren kommt.

Wer sein Essen ausschließlich aus frischen Lebensmitteln zubereitet, wird mit dem Thema Lebensmittelzusatzstoffe selten konfrontiert. Aber wer macht sich noch die Arbeit, immer mit frischen Lebensmitteln zu kochen?

Viele abgepackte Lebensmittel und Fertiggerichte enthalten Zusatzstoffe. Auch Getränke, die nicht ausschließlich aus Wasser oder Fruchtsaft bestehen, enthalten viele Zusatzstoffe. Selbst ein Grundnahrungsmittel wie Butter darf zum Beispiel mit E 160a gefärbt werden. Hinter dem „E-160a" verbirgt sich der Pflanzenfarbstoff Carotin. Dieser Stoff soll bei Butter für die gelbliche Farbe sorgen und das schnelle „ranzig werden" verhindern.

Wussten Sie, dass in Ihrem Essen Aromastoffe und Geschmacksverstärker lauern, die auch als Insektengift verwendet werden und im Tierversuch eindeutig krebserregend waren?

Quelle:

www.utopia.de/ratgeber/was-steckt-drin-insektengift-im-essen-aromastoffe-geschmacksverstaerker-ernaehrung

Wenn es nach der Werbung geht, dann gibt es überhaupt keine Lebensmittel, die in irgendeiner Form der Gesundheit schädlich werden könnten.

Dass viele Lebensmittelhersteller in ihrer Werbestrategie auf psychologische Täuschung und grenzwertige Halbwahrheiten setzen, ist leider in den meisten Fällen erlaubt. Das ändert aber nichts an der Fragwürdigkeit der Vorgehensweise.

Die Werbestrategie setzt auf „natürliche Aromen", die sehen aber anders aus, als wir sie uns vorstellen.

Z. B. Himbeeraroma (Himbeerjoghurt) wird aus Zedernholzöl hergestellt oder Kokosaroma aus natürlichen Schimmelpilzen. Eine umfangreiche Liste von Lebensmitteln, die mit zweifelhaften Aussagen beworben werden lässt sich sowohl auf der Seite der Food Watch als auch auf deren Tochterseite www.abgespeist.de finden.

Das eigentliche Verbrechen ist, dass es keine Gesetze gibt, die die Praxis der Verfälschung von Lebensmitteln verbieten.

Die Wirkung von Ballaststoffen

Ballaststoffe bestehen aus Kohlenhydraten und gehören zur Familie der Polysaccharide, also zu den Mehrfachzuckern. Sie kommen in pflanzlichen Lebensmitteln, wie in Getreide, Obst, Gemüse und Hülsenfrüchten vor.

Allerdings können Ballaststoffe nur teilweise im Darm verdaut werden. Das liegt zum einen daran, dass ihm möglicherweise ein wichtiges Verdauungsenzym oder ein Transportmittel für die Beförderung durch die Zellwand aus dem Darm in die Darmschleimhaut fehlt. So die Erkenntnis der Wissenschaft. Sie verursachen bei reichhaltiger Aufnahme Blähungen und Durchfälle.

Vor allem bei Rohkost ist der Darm (über)gefordert. Er muss sich fürchterlich anstrengen um an die Inhaltstoffe zu gelangen, dabei werden vermehrt Darmgase gebildet.

Schmerzhafte Blähungen sind dann die Folge.

Ballaststoffe sind in der Lage schädliche Stoffe im Darm zu binden und auszuscheiden, darüber hinaus tragen sie die lebensnotwendigen Vitamine und Mineralstoffe in sich, die der Körper für ein gesundes Dasein braucht.

Besser sind Ballaststoffe in Form von gedämpftem, gekochtem oder gebratenem Gemüse/Obst.

Es ist für den Darm leichter, so an die essenziellen Stoffe zu gelangen.

Das sieht beim Getreide wieder ganz anders aus. Sie enthalten zwar Ballaststoffe, dennoch sollte man nur wenig davon essen. Der Grund hierfür liegt in der Getreidestärke. Insbesondere mit der Kombination von Fruchtzucker, führt es zu einer Vergärung im Darm. Es entstehen Blähungen mit Durchfällen.

Buchtipps

Histaminarmes LOW CARB
Theorie und Praxis
Autorin: Jutta Schütz
Paperback
60 Seiten
ISBN-13: 9783738637458
Verlag: Books on Demand
Erscheinungsdatum:
24.08.2015
Sprache: Deutsch
erhältlich als:
BUCH 4,99 €
E-BOOK 3,99 €

Was ist Histaminintoleranz?

Histaminintoleranz nennt man auch Histaminunverträglichkeit (HIT).

Menschen mit Histaminintoleranz leiden nach dem Genuss bestimmter Nahrungsmittel zum Beispiel an:

- Hautausschlag/Hautrötung
- Quaddeln und Schwellungen
- Nesselsucht (Urtikaria)
- Bauchschmerzen/Bähungen
- Durchfall
- Übelkeit/Erbrechen
- Kopfschmerzen
- Herzklopfen
- Fliesschnupfen
- Müdigkeit
- Kreislaufproblemen
- Schweißausbrüchen
- Muskel/Gelenksschmerzen
- Hitzewallungen

- Stimmungsschwankungen/Weinerlichkeit/Aggressivität
- erhöhter Temperatur bzw. grippeartigem Gefühl
- Augenjucken
- Menstruationsbeschwerden

Histamin ist ein Botenstoff. Dieser wird im Körper bei allergischen Reaktionen freigesetzt. Histamin wird jedoch nicht nur im Körper produziert, sondern ist auch in vielen Lebensmitteln zu finden. Histidin „eine natürliche Aminosäure" wird in der Nahrung durch Bakterien zu Histamin abgebaut.
Dieses wird dann durch Enzyme „Diaminoxidase" bzw. „N-Methyl-Transferase" abgebaut.
Lebensmittel mit Histamin werden von einigen Menschen schlecht vertragen – es kommt bei ihnen nach dem Verzehr zu unangenehmen Symptomen.

Histaminunverträglichkeit (Histaminose) anders erklärt:
Die Histaminintoleranz ist eine erworbene oder angeborene nicht immunologische Stoffwechselstörung. Die Symptome der Histaminintoleranz gleichen einer Allergie, Erkältung oder Lebensmittelvergiftung.
Vermutlich kommen mehrere körperliche und Umweltfaktoren hinzu und der körpereigene Botenstoff „Histamin" kann nicht mehr auf dem Sollwert gehalten werden.
Histaminreiche Lebensmittel, die eine Gärung (Fermentation/Reifung) oder eine lange Lagerung durchlaufen haben, sind:
Gereifte Käsesorten, Bier, Sekt, Wein und Essig.
Histamin ist hitze- und kältestabil. Es kann weder durch gründliches Durchgaren noch mit anderen Methoden aus den Speisen entfernt werden.
Betroffene Menschen sollten ihr Essen grundsätzlich aus frischen und möglichst unverarbeiteten Rohstoffen selbst zubereiten.

Die sanfte Umstellung
auf Low Carb
Für Einsteiger - Theorie und
Praxis (mit 108 Rezepten)
Autorin: Jutta Schütz
Paperback - 212 Seiten
ISBN-13: 9783752849141
Verlag: Books on Demand
Erscheinungsdatum:
30.04.2018
Sprache: Deutsch
BUCH 8,99 €
E-BOOK 7,99 €

Eine Ernährungsumstellung ist immer ein Prozess, der seine Zeit braucht und kann nicht von jetzt auf gleich umgesetzt werden. Zuerst sollte man lernen, was Kohlenhydrate sind und in welchen Lebensmitteln sie enthalten sind.

Low Carb ist ein dehnbarer Begriff und Sie sollten selbst entscheiden, wie viele Kohlenhydrate Sie aufnehmen möchten. Nutzen Sie für Ihre Ernährung gute Kohlenhydrate (stecken in Gemüse, Salat, Obst, Nüssen, Milchprodukten, Vollkorn). Meiden Sie raffinierten Zucker, Mehlspeisen, Reis, Kartoffeln und zuckerhaltige Getränke.

Versuchen Sie zu lernen, welche Lebensmittel Sie essen dürfen und wo wie viele KH in den Lebensmitteln steckt. Nehmen Sie sich Zeit für Ihren Einkauf und schauen Sie sich im Supermarkt die Nährwertangaben und Zutaten an. Nach ein paar Einkäufen wissen Sie schon, was Low Carb ist und Ihr Einkauf geht dann wieder genauso schnell wie vorher.

Dieses Buch führt Sie unkompliziert Schritt für Schritt in die kohlenhydratarme Ernährung (Low Carb) ein.

Das neue Buch "Die sanfte Umstellung auf Low Carb" ist für Neulinge und Einsteiger genau richtig. Neben Theorie und Praxis gibt es noch 108 kohlenhydratarme Rezepte.

Hilfe bei Schwangerschaftsdiabetes
Infos, Tipps und Rezepte
Autorin: Jutta Schütz
ISBN-13: 9783752851007
Verlag: Books on Demand
erhältlich als:
BUCH 4,99 € E-BOOK 3,99 €

Der hohe Zuckerspiegel gefährdet Mutter und Kind und für die Mutter steigt das Risiko für hohen Blutdruck. Daraus kann sich eine lebensbedrohliche Krankheit entwickeln (Pröeklampsie).

Low Carb Muffins
Süß & herzhaft
Autorin: Jutta Schütz
ISBN-13: 9783752851342
Verlag: Books on Demand
erhältlich als:
BUCH 3,99 € E-BOOK 2,99 €

Ob Sie Ihre Muffins süß oder pikant genießen möchten, sie sind köstlich und einfach zubereitet.
Es gibt Muffins mit Nüssen oder Früchten, so gut wie alles, was in die speziellen Förmchen passt, kann zu Muffins verarbeitet werden.

Viele weitere Bücher finden Sie auf der Webseite:
https://www.jutta-schuetz-autorin.de/

und noch viele weitere Bücher mehr…